Impressum
Verlag: BABADADA GmbH, Nedderfeld 112 , 22529 Hamburg
Geschäftsführer / Verlagsleitung: Harald Hof
Druck: Books on Demand GmbH, In de Tarpen 42, 22848 Norderstedt

Imprint
Publisher: BABADADA GmbH, Nedderfeld 112 , 22529 Hamburg, Germany
Managing Director / Publishing direction: Harald Hof
Print: Books on Demand GmbH, In de Tarpen 42, 22848 Norderstedt

បន្ទប់រៀន
سەف
ចែក
پارکرن
186/2
ក្ដារ
تەختە
ទីធ្លាសាលារៀន
هەوشا دبستانێ
គ្រូបង្រៀន
مامۆستە
ក្រដាស
کاخەز
សរសេរ
نڤیساندن
ប៊ិក
پێنڤیسک
តុការិយាល័យ
ماسە
បន្ទាត់
راستەک
សៀវភៅ
پرتووک
កូនសិស្ស
خوەندەکار

សម្ពៀតស្បែក

چەوال

ប្រអប់ដាក់ខ្មៅដៃ

قووتی نڤیستۆک

ខ្មៅដៃ

قەلەمرساس

ប្រដាប់ខួងខ្មៅដៃ

نڤیستوک تووژکر

ជ័រលុប

ژێبر

ផ្ទាំងគំនូរ

نڤیسکا نیگارێ

គំនូរ

نیگار

ជក់គូរ

فرچیا ڕەنگئ

ប្រអប់ថ្នាំលាប

قووتی ڕەنگ

កន្ត្រៃ

مەقەس

ការបិទ

لەزاق

សៀវភៅលំហាត់

پەرتووکا فێربوون

កិច្ចការផ្ទះ

وەزیفا مالێ

12

លេខ

هژمار

2+2

ប្លូក

زێدەمکرن

5-2

ដក

دەرخستن

2×2

គុណ

زێدەمکرن

គណនា

هەسپباندن

A

លិខិត

تیپ

ABCDEFG
HIJKLMN
OPQRSTU
VWXYZ

អក្ខរក្រម

ئالفابە

hello

ពាក្យ

پەیڤ

អត្ថបទ

نوشتن

អាន

خواندن

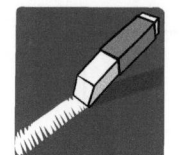

ជ័រ

گچ

មេរៀន

درس

ចុះឈ្មោះ

قمیدکردن

ការប្រឡង

نیمتریهان

វិញ្ញាបនបត្រ

شههاده

ឯកសណ្ឋានសាលា

کنجا دبستانئ

ការអប់រំ

پرورومردههی

សព្វវចនាធិប្បាយ

زانستنامه

សាកលវិទ្យាល័យ

زانینگه

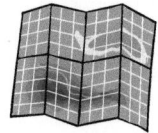

មីក្រូស្កុសស្ន

میکرؤسکووپ

ផែនទី

خهريته

កន្ត្រកដាក់សំរាមកូរដោស

سمپتا کاخهرزئ

Grand
សណ្ឋាគារ
مێڤانخانە
សណ្ឋាគារក្មេង
مێڤانخانە
ROOMS
ការិយាល័យប្តូរប្រាក់
ئوفیسا پەرە ڤەگوهارتنێ
EXCHANGE
វ៉ាលី
جەنتە
រថយន្ដ
ماشین

ភាសា

زمان

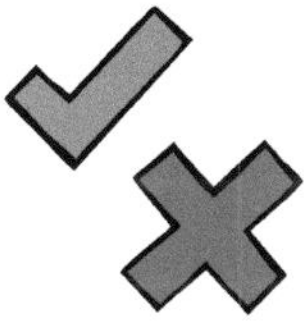

បាទ / ទេ

بەلێ / نا

យល់ព្រម

باش

សាយ័ន្តសួស្តី!

سلاڤ

អ្នកបកប្រែ

وەرگێرا نڤیسکی

សូមអរគុណ

سپاس

ចូលប៉ុន្មាន...?

بهایش ... چ قاسد؟

ខ្ញុំមិនយល់

ئەز فام ناكم

បញ្ហា

ئاریشە

ទិតស្សួស្តី!

ئەڤارباش!

អរុណសួស្តី!

سپێدی باش!

រាត្រីសួស្តី!

شەڤ باش!

លាហាេីយ

خاترێ تە

ទិសដៅ

ئالی

អ៊ីវ៉ាន់

هوورموور

កាប៉ូប

چەنتە

កាប៉ូបស្ពាយកូរេពាយ

چەنتە پشت

ក្ញញេ៉ៅរ

مەزڤان

បន្ទប់

ئۆدە

ថង់ដេក

جامە خەو

តង់

چادر

ព័ត៌មានទូទេសចរណ៍

راهنمای گردشگران

ឆ្នេរ

رملِ ساحلی

កាតឥណទាន

کارتِ قَرضی

អាហារពេលព្រឹក

ناشتَه

អាហារថ្ងៃត្រង់

فرافین

អាហារពេលល្ងាច

شیف

សំបុត្រ

کارت

ជណ្ដើរយើយនុង

ناسانسور

តិក

پوول

ពូរដៃន

تخووب

គយ

گُمرک

ស្ថានទូត

بالیوزخانه

ទិដ្ឋាការ

فیزا

លិខិតឆ្លងដែន

پاسپورت

ការដឹកជញ្ជូន

گوهازتن

កប៉ាល់
گەمى
យន្តហ
ោះ
فرۆكە
ម៉ាសីនភ្លើង
ئەرەبە ناگركوۋڭ
រថយន្តដឹកទំនិញ
كامىيون
រថយន្តក្រុង
ئوتوبۇس
កាណូត
پاپۇرا ماتورى
រថយន្ត
ماشىن
ជិះកង់
دوچەرخە

សាឡាង

پاپۇر

ទូក

پاپۇر

ម៉ូតូ

مۇتورسىكلىت

រថយន្តប៉ូលិស

ترمبىلا پۇلىسى

រថយន្តប្រណាំង

ترمبىلا پىشبازىي

រថយន្តជួល

ئەرەبە كرىكرنى

ការថែរក្សាកែរថយន្ត	ឡានសង្គ្រោះ	ឡានបរមូលសំរាម
ماشين پهرﻓﻤﻜﺮن	كاميۆنا كېشاندنې	كاميۆنا خۆلى

ម៉ូត្ទ	ប្រេងឥន្ធនៈ	ស្ថានីយ៍ប្រេង
مۆتۆرسيكلېت	مازۆت	ئيستگەهدها بەنزينې
	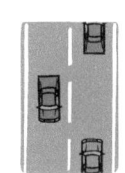	
សុលាកសញ្ញាចរាចរណ៍	ការធ្វេើ៍ចរាចរណ៍	កកស្ទះចរាចរណ៍
تابلۆيا ترافيكې	هاتووچوون	ترافيك

ចំណត	ស្ថានីយ៍រថភ្លេីង	ផ្លូវដេកៃ
جهه پاركنې	راوستگەكا ترېنې	رى
	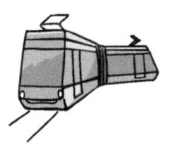	
រថភ្លេីង	រថអគ្គីសនី	ទូររថភ្លេីង
ترېن	ترېنې كۆلانې	ئەردبە

ឧទ្ធម្ភាគចក្រ

بابرزک

ពុលោនយន្តហោះ

بالابرگده

ប៉ម

برج

អ្នកដំណើរ

مسافر

កុងតឺន័រ

قووتی

កូរដោសកាតុង

قووتی

រទេះ

گرگرزک

កញ្ចប់

سطلک

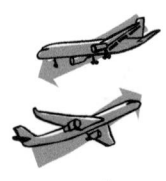

ហោះឡ្បឡើង / ចុះ

رابوون / نیشتن

ភូមិ

گوند

កណ្តាលទីក្រុង

ناۋەندا بازارێ

ផ្ទះ

خانی

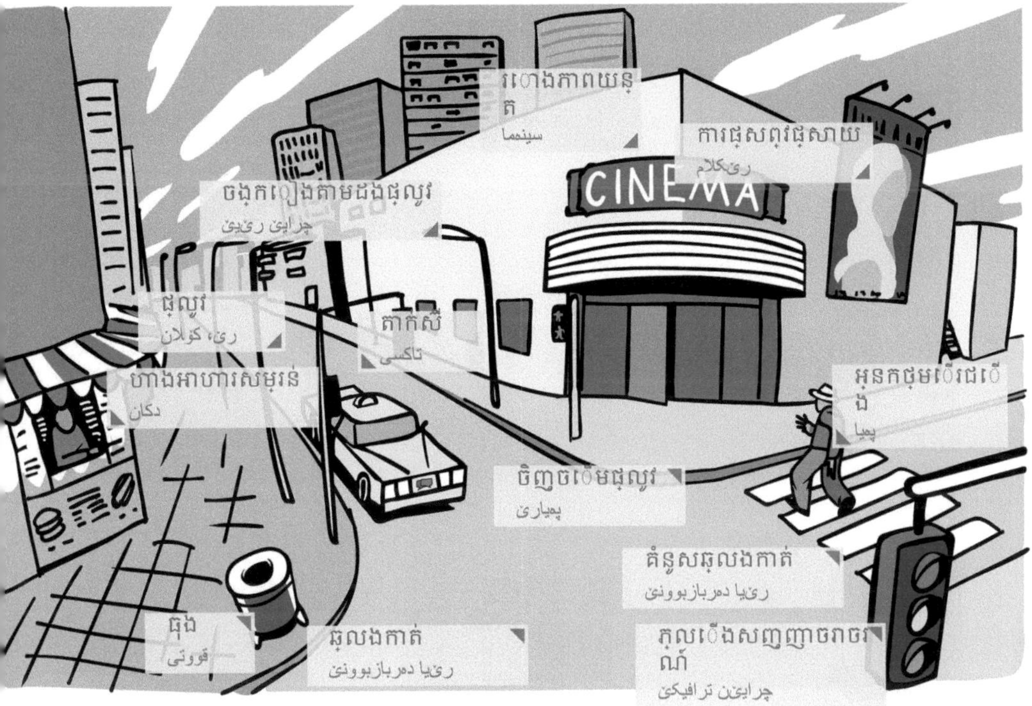

រោងភាពយន្ត
سینەما
ការផ្សព្វផ្សាយ
ڕیکلام
CINEMA
ចង្កៀងតាមដងផ្លូវ
چرایێ ڕێیێ
ផ្លូវ
ڕێ، کۆلان
តាក់ស៊ី
تاکسی
ហាងអាហារសម្រន់
دکان
អ្នកថ្មើរជើង
پیا
ចិញ្ចើមផ្លូវ
پیاری
គំនូសឆ្លងកាត់
ڕێیا دەربازبوونێ
ធុង
فوونی
ឆ្លងកាត់
ڕێیا دەربازبوونێ
ភ្លើងសញ្ញាចរាចរណ៍
چرایێن ترافیکێ

ខ្ទម

کۆخ

ផ្ទះល្វែង

خانی

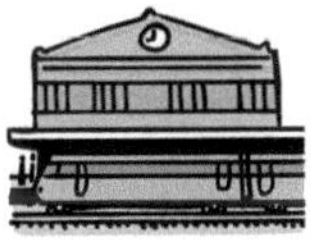

ស្ថានីយរថភ្លើង

راوەستمکا ترێنێ

សាលាក្រុង

تەلارا شارەڤانی

MUSEUM

សារមន្ទីរ

مووزەخانە

សាលារៀន

دبستان

សាកលវិទ្យាល័យ

زانینگه

ធនាគារ

بانک

មន្ទីរពេទ្យ

نمخوشخانه

សណ្ឋាគារ

مێوانخانه

ឱសថស្ថាន

درمانخانه

ការិយាល័យ

نووسینگه

ហាងលក់សៀវភៅ

کتێبفرۆشی

ហាង

دکان

ហាងផ្កា

گوڵفرۆش

ផ្សារទំនើបៗ

بازار

ទីផ្សារ

بازار

ហាងទំនិញ

سوپەرمارکێت

ហាងលក់ត្រី

ماسیفرۆش

មជ្ឈមណ្ឌលផ្សារទំនើប

ناوەندا کڕین

កំពង់ផែ

بەندەر

ឧទ្យាន

پارک

បង្គង់

سىسكوو

ស្ពាន

پل

ជណ្ដើរថ្មើរ

دەرنجە

ផ្លូវក្រោមដី

ژێر زەمردنی

ផ្លូវរូងក្រោមដី

توننل

ចំណតរថយន្តក្រុង

نیستگەها نۆتۆبووس

ហារ

بار

ភោជនីយដ្ឋាន

خوارنگەه

ប្រអប់សំបុត្រ

سندووقا پۆستێ

សញ្ញាតាមដងផ្លូវ

نیشاندەرکا رێیێ

ឧបករណ៍ប្រមូលចូលថៃណត

مەترا پارکینگێ

សួនសត្វ

باخچا هەیوانان

អាងហាលែទឹក

هەوزا مەلەڤانی

 វិហារអ៊ីស្លាម

مزگەفت

កសិដ្ឋាន

جۆتگەه

ការបំពុល

لەوتاندنا دەردۆر

វាលកប់ខ្មោច

گۆڕستان

ព្រះវិហារ

کەنیسە

គ្រឿងរំអិលក្មេងលេង

ئەردێ لەیستنێ

ប្រាសាទ

پەرەستگەه

ទេសភាព

تەبیەت

ស្លឹក
گەڵا
សញ្ញាប្រាប់ទិសដៅ
نیشاندەرکا ڕێ
ផ្លូវ
ڕێ
វាលស្មៅ
مێرگ
ដុំថ្ម
کەڤر
អ្នកឡើងភ្នំ
گەڕۆک
ដើមឈើ
دار
ទន្លេ
چەم
ស្មៅ
گیا
ផ្កា
کولیلک

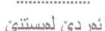

ជ្រលងភ្នំ

دۆل

កូនភ្នំ

گر

បឹង

گۆل

ព្រៃឈើ

دارستان

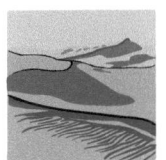

វាលខ្សាច់

بیابان

ភ្នំភ្លើង

ڤۆلکان

គេហាគុរបី

کەلمە

ពន្លឺធនូ

کەسکەسوٙر

ផ្សិត

کڤارک

ដើមត្នោតហោត

دارقسپ

មូស

مخمخک

រុយ

مێش

ស្រមោច

مۆرى

សត្វឃ្មុំ

هنگ

ពីងពាង

پیرى

សត្វកញ្ចៅ

كۆزك

កង្កែប

بوق

កំប្រុក

سنجۇر

សត្វកាំបុរមា

ژیژوك

ទន្សាយស្លឹក

كەرگوھ

សត្វទឹកុយ

پەقپەروك

បក្សី

چۈك

ហង្ស

قوو

ជ្រូក

بەرازى كۆڧى

សត្វកុតាន់

پەزكۆڧى

សត្វកុដាន់

پەزكۆڧى

ទំនប់

بەنداڧ

កង្ហារខ្យល់

توورېبينا با

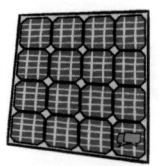

បន្ទះស្ងួឡា

پانىلا خۆرى

អាកាសធាតុ

ئاڧ و ھەوا

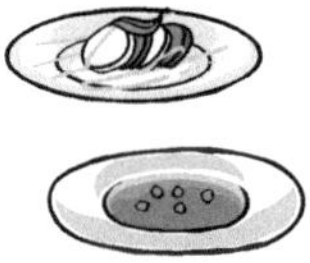

អុនករត្តុ
بهرکار

ម៉ឺនុយ
پۆشمک

កៅអី
کورسی

ស៊ុប
شۆربه

ភីហ្សា
پیزا

កាំបិត
چەتەل و چەمچک

កម្មវលត្ត
سفره

អាហារសម្រន់

خوارنا دەستپێک

អាហារសំខាន់

خوارنا سەرەکی

បង្អែម

شیرانی

ភេសជ្ជ:

قەدخوارانان

អាហារ

خوارن

ជប

جام

អាហារហ័ស

خوارنا لهز

អាហារតាមផ្លូវ

خوارنا ڕێیی

ប៉ាន់តែ

چایدانک

បួរអប់ស្ករ

قووتی شەمکری

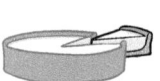

ចំណិតកែក

بەش

ម៉ាស៊ីនផុងកាហ្វេអេឺចស្ពុរ ស្ស៊

ممکینا چێ‌کرنئ نەسپرەسسۆ

កៅអីខ្ពស់

کورسیا بلیند

វិក្កយបត្រ

هەساب

ថាស

سەنی

កាំបិត

کێر

សម

چمتەل

ស្លាបព្រា

کەفچی

ស្លាបព្រាកាហ្វេ

کەفچیا چای

កន្សែងជូតខ្លួន

پێچشگر

កវែ

قەدەحه

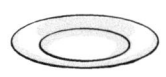

ចានទាប

تەیفک

ចានស៊ុប

تەیفکا شۆربە

ចានទុរនាប់

پیاڵە

ទឹកជ្រលក់

چۆرنج

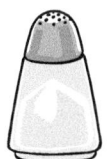

ដបអំបិល

خوێدانک

បូរដាប់កិនម្រេច

قووتوی بیبار

ទឹកខ្មេះ

سرکە

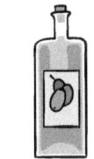

បូរេង

روون

គ្រឿងទេស

بەهارات

ទឹកប់ងៃប់ពោះ

کەتچاپ

ម៉ូតាក

موستارد

ទឹកមយ៉ូណោ

مایۆنێز

ផ្សារទំនើប

بازار

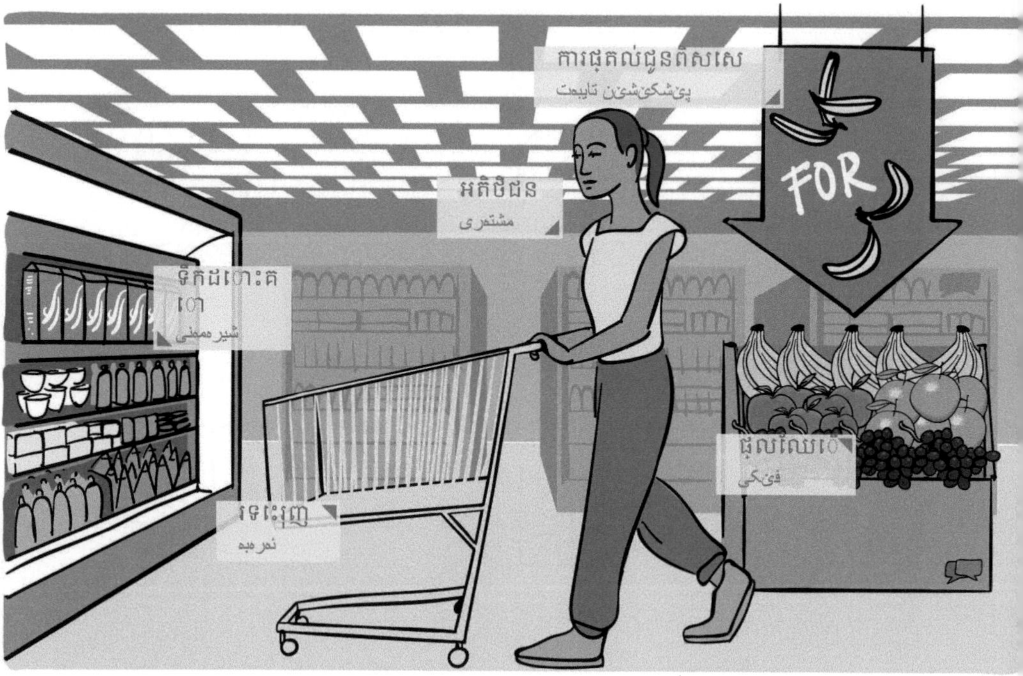

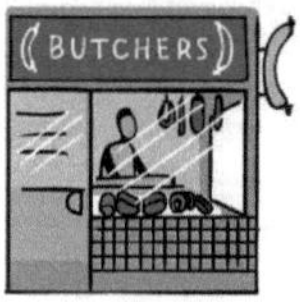

ហាងកាប់ជ្រូក

قەسابی

ហាងដុតនំ

دکانا نانپێژ

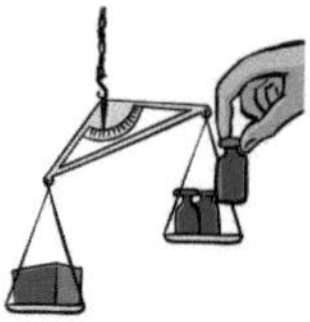

ថ្លឹង

وەزن کرن

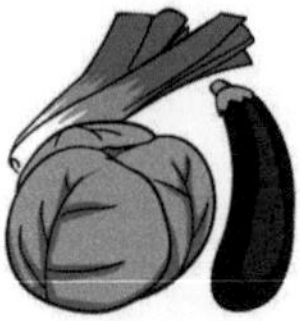

បន្លែ

سەوزە

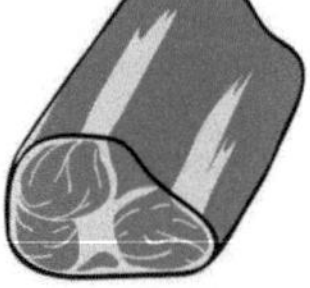

សាច់

گۆشت

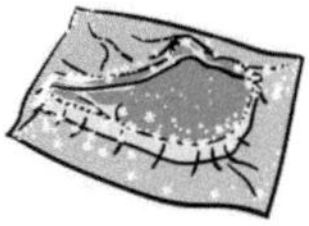

អាហារក្លាស្សេ

خوارنێ جەمەدی

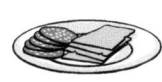

សាច់កុលាសរ

گۆشتئ سار

អាហារកំប៉ុង

خوارنا پیلی

មុសពោលង

خوباری پاقژکرنئ

សុអរគុរប់

شرینی

ផលិតផលកុនុងគ្រួសារ

بەرهەمئن ناڤخودیی

ផលិតផលសមុអាត

بەرهەمئن پاقژکرنئ

អុនកលក់

فرۆشیار

ថតដាក់លុយ

خەزنۆک

បខ្ទោ

دراڤگر

បញ្ជីទិញទំនិញ

لیستا کرینئ

ម៉ៃហោងធ្របៃ៊ការ

دەمئن ڤمکری

កាប្បបលុយបុរស

جزدان

កាតឥណទាន

کارتئ قەرزی

ថង់

چەوال

ថង់បុលាស្ទិច

چەنته

ទឹក

ناڤ

ទឹកផ្លែឈើ

شەربەت

ទឹកដោះគោ

شیر

កូកាកូឡា

كۆمرا

ស្រា

شەراب

ស្រាបៀរ

بیرا

គ្រឿងស្រវឹង

ئالكۆل

កាកាវ

كاكڤۆ

តែ

چای

កាហ្វេ

قەهوە

កាហ្វេអើសស្ព្រេសសូ

ئەسپرەسسۆ

កាហ្វេកាពូឈីណូ

كاپۆچینۆ

ចេក

موز

ផ្លែប៉ោម

سېڤ

ផ្លែក្រូច

پرتقالى

ឪឡឹក

گوندزور

ក្រូចឆ្មា

لیمون

ការ៉ុត

گڼدزمر

ខ្ទឹម

سیر

ប្រសី

قامر

ខ្ទឹមហារាំង

پیڅاز

ផ្សិត

قارچک

គ្រាប់ផ្លែឈើ

گوهیز

ម៉ី

شهیره

ម៉ីអ៊ីតាលី

سپاگيتی

ហាយ

برنج

សាឡាត់

سلطة

ដំឡូងចៀន

چيپس

ដំឡូងចៀន

پتتوليا براشتی

ភីហ្សា

پيزا

ប៊ីហ្គឺ

هامبورگر

សាំងវិច

نانوک

សាច់ជាប៉ុតអ៊ីងជិននី

گوشتی ستوویی بهرخی

ហាំ

گوشتی هشککری

សាឡាមី

سالامی

សាច់ករក

سۆسيس

សាច់មាន់

مريشک

អាំង

بژارتن

ត្រី

ماسی

អាវ៉ែនបបរ

شوربه بلوول

មុយ៉ូស្លី

موسلى

ដំឡូងចំណិត

كَهرتوين گلگلان

មុសតៅ

نارد

នំគ្រូសង់

جرؤسسانت

នំប៉ុងមួយ៉ាងមូលតូចៗ

سمموون

នំប៉ុង

نان

អាំង

توست

នំប៊ីស្គី

نانک

ប័រ

نۆیشک

ទឹកដោះខាប់

ماست

នំខេក

کولیچه

ស៊ុត

هێک

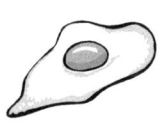

ស៊ុតចៀន

هێکا قلماندى

ឈីស

پەنیر

កាវ៉េម

دۇندرمه

ស្ករ

شەكەر

ទឹកឃ្មុំ

ھەنگۈن

ដំណាប់

مارمیلاد

ក្រវ៉ែមតាំងម៉ាវ

خامەیا نووگات

ការី

كوررى

ផ្ទះកុនងកសិដ្ឋាន
خانیا جمولگا

ជង្រុក
كادین

ខ្សែចេងចមួបេ ង
چپكا پووشى

វាលស្រៀ
زەڤى

សរះ
هەسپ

រេសណ្ដជ ោង
كاروان

កុនសេ ោ
جانى

ត្រាក់ទ័ រ
تراكتور

សតូ្រ ោ
كەر

សតូ្រចៀ្រ ម
بەران

កូនចៀ្រ ម
بەرخ

ពពែ
بزن

គេ ោញ្ញី
چێڵەك

កូនគេ ោ
گۆلك

ជ្រូក
بەراز

កូនជ្រូក
خنزیرك

គេ ោឈ្មេ ោល
بۆخد

សត្វក្ងាន

قاز

ទា

مراغی

កូនមាន់

جوجک

មមាន់

مریشک

មាន់ឈ្មោល

کلەشیر

កណ្តុរ

جرج

ឆ្មា

کتک

កណ្ដុរប្ញរមេះ

مشک

គោឈ្មោល

گا

ឆ្កែ

کووچک

ផ្ទះឆ្កែ

خانیا کووچکێن

ទុយោទឹក

خانی باخن

ធុងស្រោចទឹក

ڤووتیکا ناڤدانێن

ខូរវៃបក

شالووک

នង្គ័ល

گاسن

កណ្ដៀវ

داس

ចបកាប់

ممريور

នង្គាល់

دارساپک

ពូថៅ

بُلُر

រទេះរុញ

دمستگره

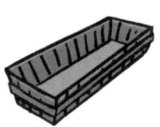

សន្ទក

قووتی خوارنا جانداران

កំប៉ុងទឹកដោះគោ

قووتی شیر

ហារ

توور

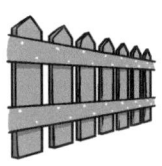

របង

چپهر

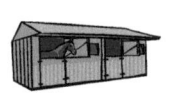

គុរ្យេាល

ناخور

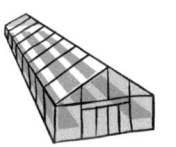

ផ្ទះកញ្ចក់

خانا کولیلکان

ដី

ناخ

គុរាប់ពូជ

دمندک

ដី

پوین

ម៉ាស៊ីនច្រូវមួលផល

كۆمباین

បរមូលផល

زاد

ការបរមូលផល

زاد

ដំឡូងជួក

پەتەتە

សួរសាលី

گندم

សណ្ដែកសៀង

فاسۆلی

ដំឡូងជួក

پەتەتە

ពេពត

داخل

គុរាប់បុររេងវៃ

دندک

ដរើមឈរើហូបផុលវៃ

داری فێڕكی

ដំឡូងមី

سىئۆی بن ئەردنی

ផញ្ញជាតិ

زاد

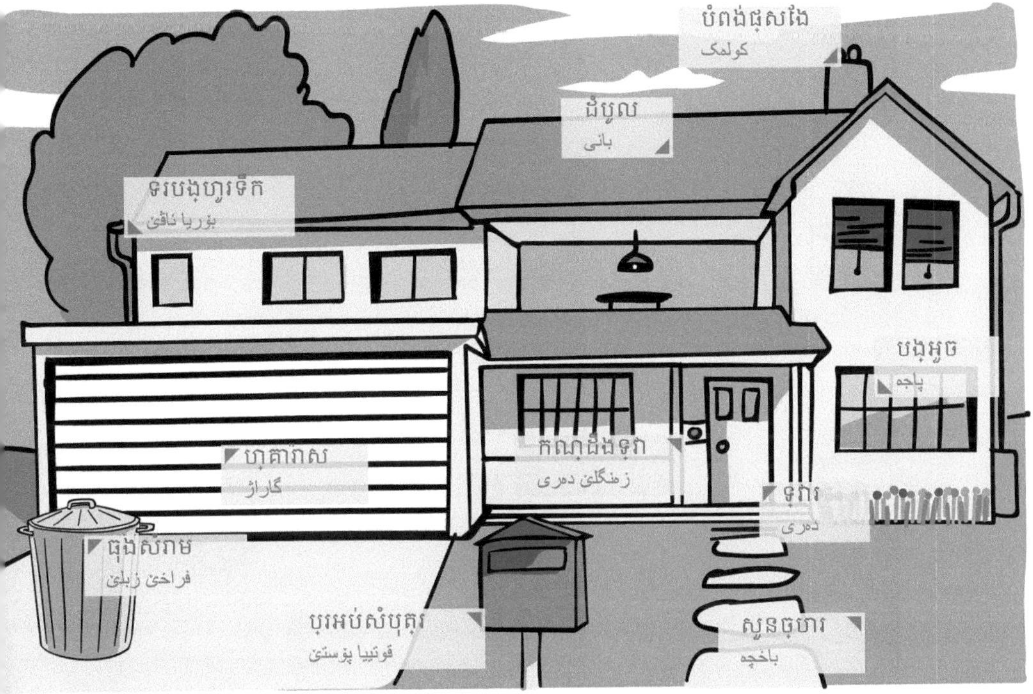

បំពង់ផ្សែង
كولمک
ដំបូល
بانی
ទរបង្ហូរទឹក
بۆریا ئاڤێ
បង្អួច
پاجه
ហ្គារ៉ាស
گاراژ
កណ្ដឹងទ្វារ
زەنگلێ دەری
ទ្វារ
دەری
ធុងសំរាម
فراخێ زبلێ
ប្រអប់សំបុត្រ
قوتیيا پۆستێ
សួនច្បារ
باخچە

បន្ទប់ទទួលភ្ញៀវ

ئۆدا روونشتنێ

បន្ទប់ទឹក

هەمام

ផ្ទះបាយ

مەتبەخ

បន្ទប់គេង

ئۆدا خەوێ

បន្ទប់របស់កុមារ

ئۆدەیا زاروک

បន្ទប់ទទួលទានអាហារ

ئۆدا شیڤێ

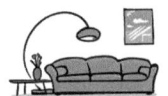

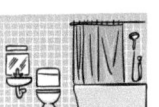

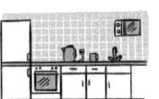

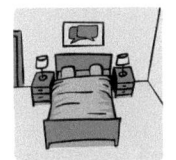

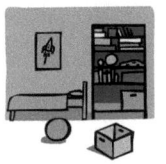

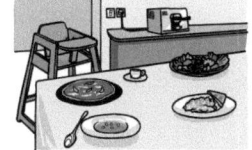

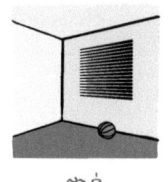

ជាន់

بنى

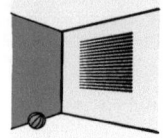

ជញ្ជាំង

ديوار

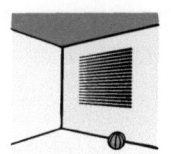

ពិដាន

بهربان

បន្ទប់ក្រោមដី

خمنزك

សូណា

ساونا

យ៉រ

بالكون

ផ្ទៃវៃបសុមៅឃ្វនៅជមុរលកុន៎

بهردانك

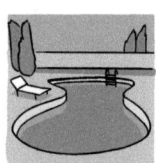

អាងហាលទឹក

هموزا معلمڤانى

ម៉ាស៊ីនកាត់សុមៅ

چيمعن بر

សនូលីក

معلمهفد

កម្រលគួរវៃដេក

بهتانى

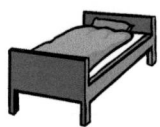

គួរវៃ

نقئين

អំបរៅស

گزرك

ធុង

ساتل

កុងតាក់

كليل

បន្ទប់ទទួលភ្ញៀវ

ئۆدا روونشتنێ

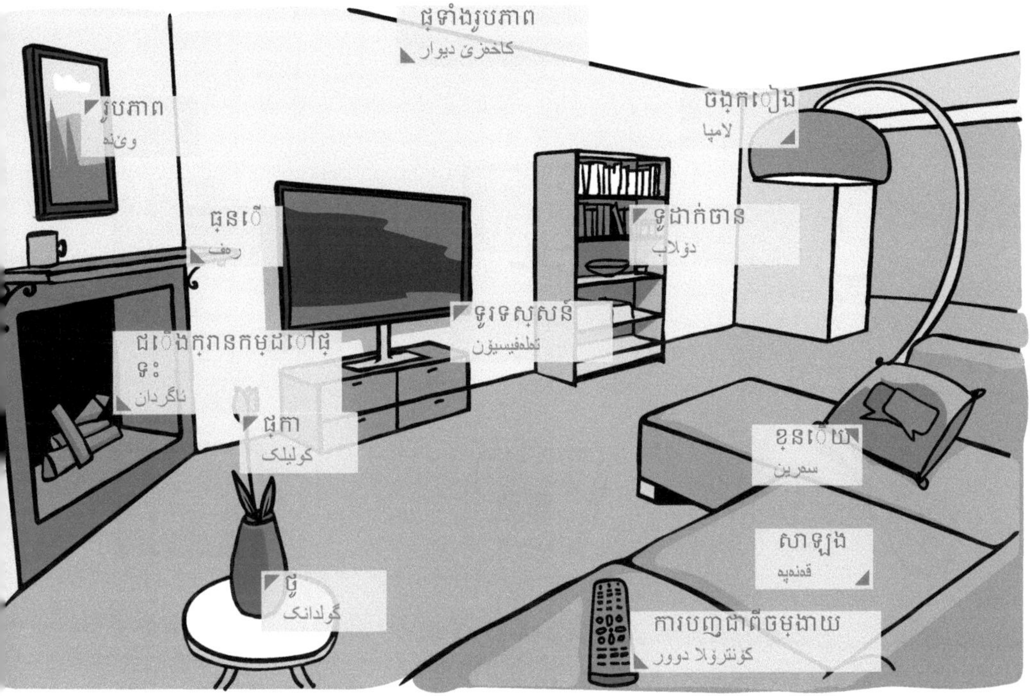

ផ្ទាំងរូបភាព
كاغەزێ دیوار
រូបភាព
وێنە
ចង្កៀង
لامپا
ធ្នើ
رەف
ទូដាក់ចាន
دۆلاب
ទូរទស្សន៍
تەلەفیسیۆن
ជើងក្រានកម្ដៅផ្ទះ
ئاگردان
ផ្កា
کولیلک
ខ្នើយ
سەرین
សាឡុង
قەنەفە
ថូ
گولدانک
ការបញ្ជាពីចម្ងាយ
کۆنترۆلا دوور

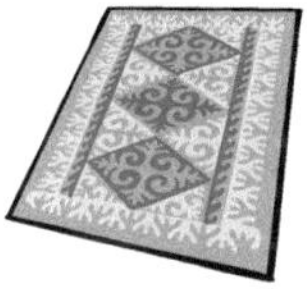

កម្រាលព្រំ

خالیچە

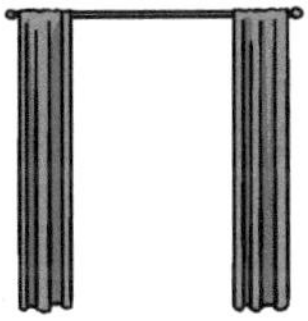

វាំងនន

پەردە

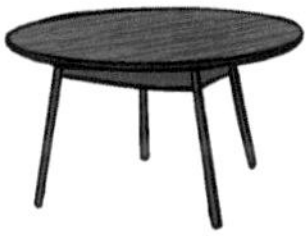

តុ

مێز

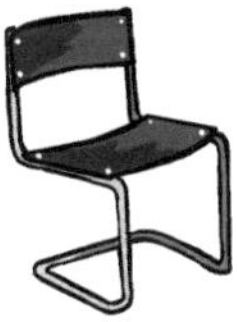

កៅអី

کورسی

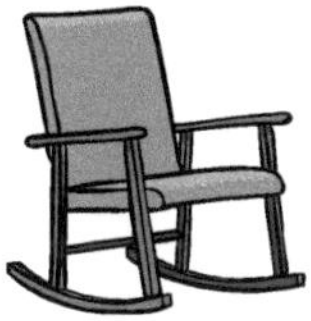

កៅអីប៉ាក់ប៉ើក

کورسیا هەژانۆک

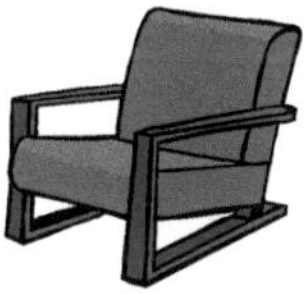

កៅអីភ្នាក់ដៃ

کورسی

សៀវភៅ

پرتووك

ភួយ

بەتانی

ការតុបតែង

خەمڵاندن

អុសដុត

نۆزنگ

ខ្សែភាពយន្ត

فیلم

ឧបករណ៍ Hi-Fi

هـف

កូនសោ

کلیل

កាសែត

رۆژنامه

តំណូរ

نیگار

ផ្ទាំងរូបភាព

پۆستەر

វិទ្យុ

رادیۆ

ណូតផតគេ

دەفتەر

ម៉ាស៊ីនបូមធ្វលី

سڤڕکا ئەلەکتریکی

ដំបងយកុស

کاکتووس

ទៀន

مۆم

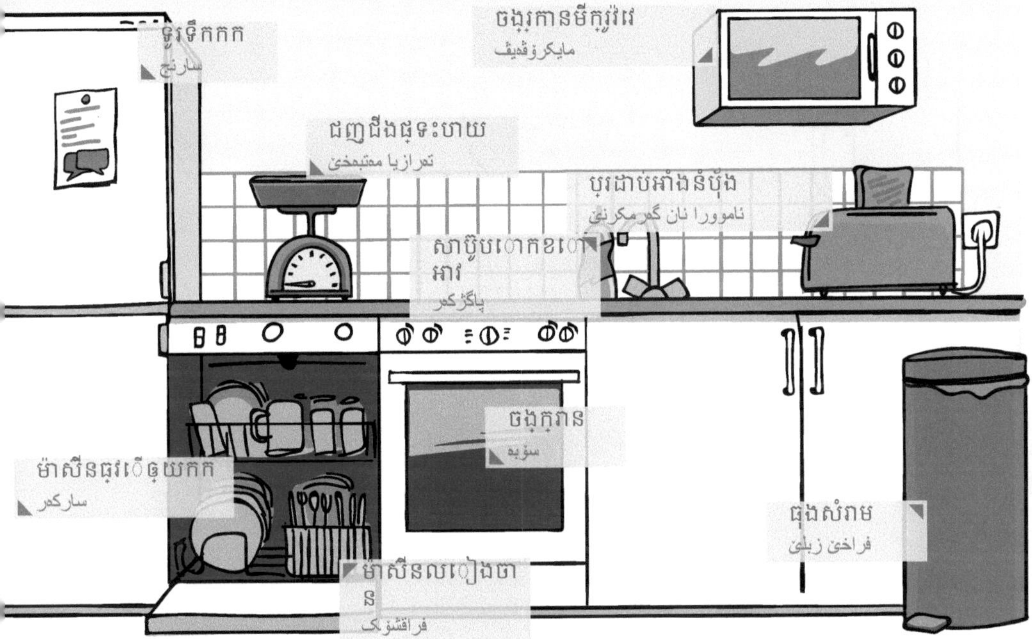

ទូរទឹកកក
سارنج
ចង្ក្រានមីក្រូវ៉េវ
مایکرۆڤەیڤ
ជញ្ជីងផ្ទះបាយ
تەرازیا مەتبەخێ
ប្រដាប់អាំងនំប៉័ង
ئامووروا نان گەرمکرنێ
សាប៊ូបោកខោអាវ
پاگژکەر
ចង្ក្រាន
سۆبە
ម៉ាសីនធ្វើទឹកកក
سارکەر
ធុងសំរាម
فراخێ زبلێ
ម៉ាសីនលៀងចាន
فراقشۆک

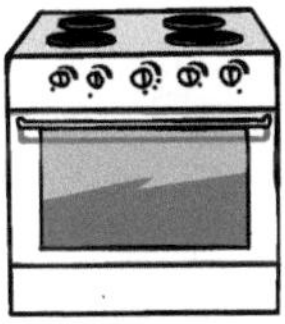

ចង្ក្រាន

سۆبە

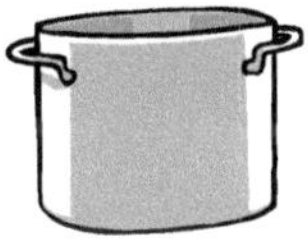

ឆ្នាំង

ئامان

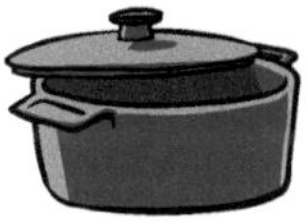

ឆ្នាំងដែក

ئامانێ ئووتوو

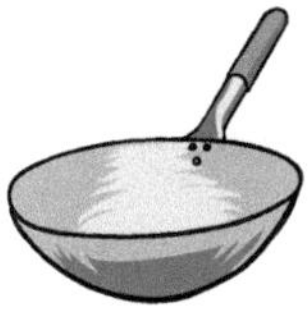

ខ្ទះ / ខ្ទះឥណ្ឌា

فراقێ مەزن

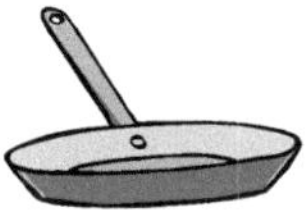

ខ្ទះ

دیزک

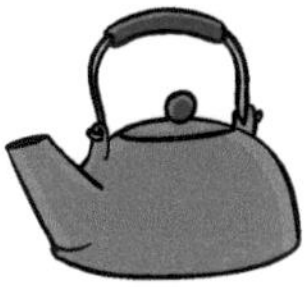

កំសៀវ

کەلینک

ថ្នាំងចំហុយ

فراقئ هلمئ

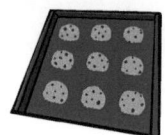

ថាសដុតនំ

سئ‌نی نانئ

គ្រឿងចានឆ្នាំងដ៏

فراق

ថ្ងៃ

پیاله

ចានតហោម

كاسك

ចង្កឹះ

دارئ نانخوارن

វែកសមុល

هسسک

វែកក្បូរ

کفچیا معزن

បរដាប់វាយករឡ្យក

رینفک

តម្រង

کفدگیر

កន្ត្រង

بوژزنگ

បរដាប់កហោសដុក

رئ‌شکمر

គ្រហាល់

دمستار

ការអាំងសាច់

براشتتن

ចង្ក្រានចំហា

ناگرئ فالا

ធ្វេញ

تمختيا برينئ

ប្រដាប់កិនម្សៅ

داركئ تيرئ

ប្រដាប់អ្ករពើកឆ្នុកឆ្នុកសុរា

دەڧك بادەك

កំប៉ុង

ڤووتئ

ប្រដាប់បើកកំប៉ុង

ڤووتئڧتمكر

ករុណាត់ទ្រាប់ឆ្នាំង

جاوئ ئامانان

កន្លែងលាងចាន

دەستشئ

ជក់

فرچه

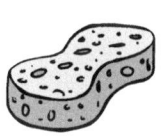

អប្ប៉ុង

پارازوا

ម៉ាស៊ីនកួរឡួក

تەمڧئۇئر

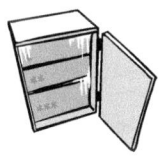

ទូរទឹកកកខ្នាតតូច

ساركمرئ جدمددئ

ដបទឹកដោះគោ

شووشد بدبكان

រ៉ូប៊ីណែ

هدندمفئ

បន្ទប់ទឹក

هەمام

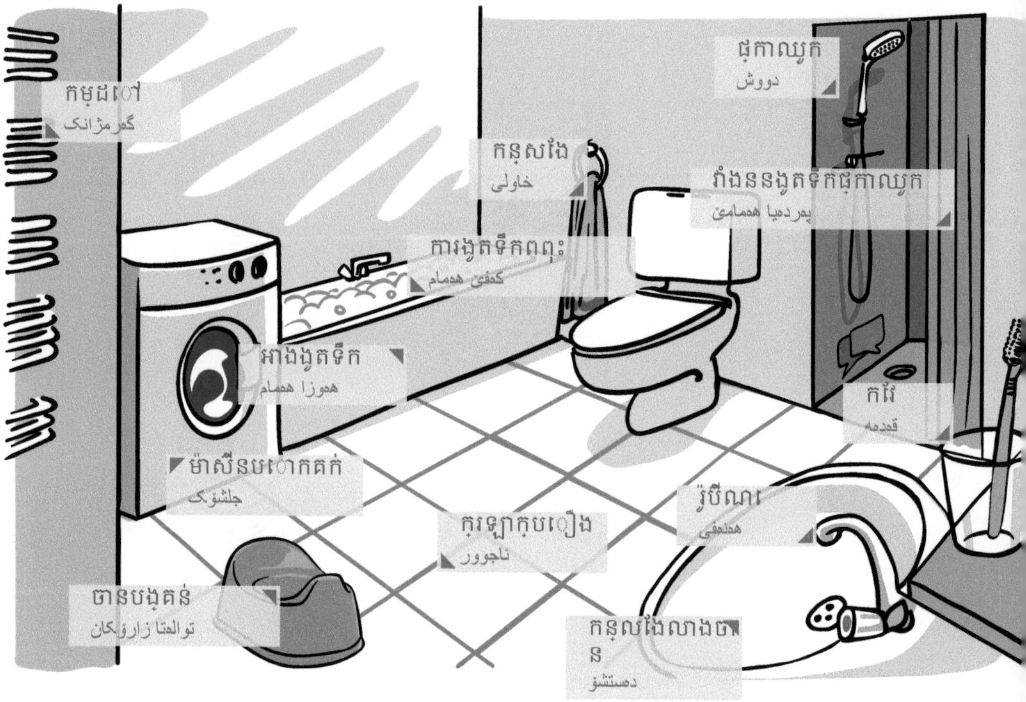

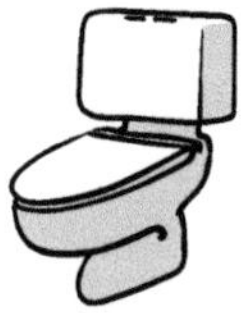

បង្គន់

توالەت

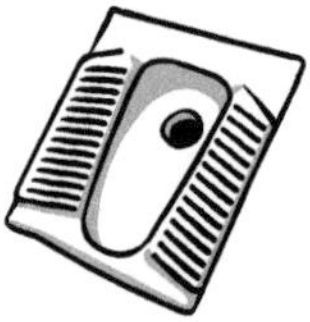

បង្គន់អង្គុយ

توالەتا ئەردێ

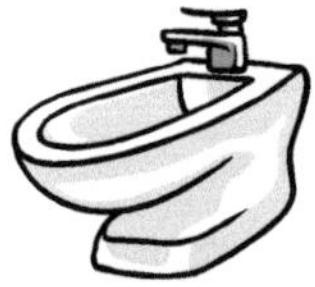

ផើងជម្រះកាយ

توالەت

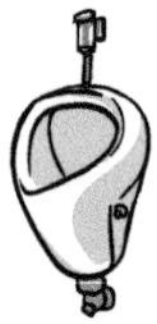

កុលាំទឹកនោម

ئاڤدەستخانا مێران

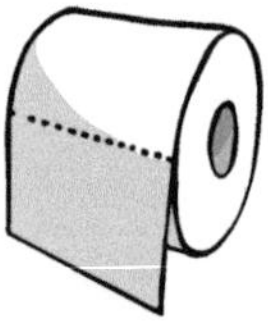

ក្រដាសបង្គន់

کاخەزا توالەت

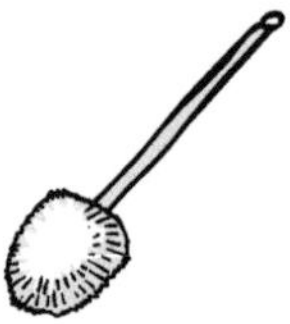

ច្រាសដុសបង្គន់ន

فرشەیا توالەت

ច្រាសដុសធ្មេញ

فرچهٔ دندان

ថ្នាំដុសធ្មេញ

مجوونا دندان

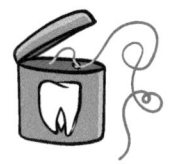

ខ្សែទាក់សម្អាតធ្មេញ

نخ دندان

លាង

شووشتن

បុរងាប់ដាក់ដងផ្កាឈ្លក

دوش دستی

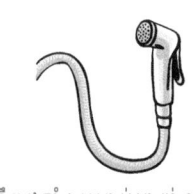

ទឹកថ្នាំសម្រាប់ហាញ់លាង

دووش

អាង

دستشؤ

ច្រាសដុសខ្នង

فرچا پشت

សាប៊ូ

ساوون

ៈលៃសម្រាប់ងួតទឹកផ្កាឈ្លក

جٔلٔی همام

សាប៊ូ

شامپؤ

សកុលាត

فانیله

បំពង់បង្ហួរទឹក

زیٕراب

កុរម៉ែ

کرٔیم

ថ្នាំបំហត់ក្លិនអាក្រក់

بٔیٕهٔن خوشکر

កញ្ចក់

مری‌ک

កញ្ចក់ដៃ

مری‌کا دستی

ប្រដាប់កោរ

گووزان

ហ្វូមកោរពុកមាត់

کەفی تەراشینی

ទឹកលាងកូរពោយកោរពុកមាត់

ممجوونا پشتی تەراشینی

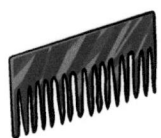

កូរស

شمه

ជក់

فرچە

ប្រដាប់សម្ងួតសក់

پۆر هیشککر

ស្ពុវយហាញ់សក់

سپرایا پۆرن

ការតុបតែងមុខ

كۆزمەتیک

កូរមែលាបបមាត់

سۆرافڵک

ថ្នាំលាបកូរចក

رەنگی نینۆک

រោមកប្បាស

پەمبوو

កន្ត្រៃកោត់កូរចក

مەقەستا نینۆک

ទឹកអប់

پارفووم

កាបូបបរោកគតក់

چدوالى همامى

លាមក

كورسيا بوپشت

ជញ្ជីងថ្លឹងទម្ងន់

ترازى

អាវពាក់ងូតទឹក

كنجا همامى

ស្រោមដៃពេលស្អ៊ី

لپكا لاستيكى

ធនុក

تامپون

កន្សែងអនាម័យ

خاوليا پاڤ؋كرنئ

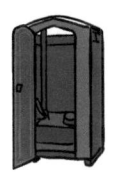

បង្គន់គីមី

توالتا كيمييوى

បន្ទប់របស់កុមារ

ئۆدەیا زارۆک

នាឡិការោទ៍
دەمژمێرک
ប្រដាប់ក្មេងអោបលេង
لیستۆک
រថយន្តក្មេងលេង
ماشینا لیستۆک
ប្រដាប់អង្រន់លេង
خشخشۆک
ផ្ទះកូនក្រមុំជ័រ
مالا لیستۆک
អំណោយ
خەلات

ប៉េងប៉ោង

پفدانک

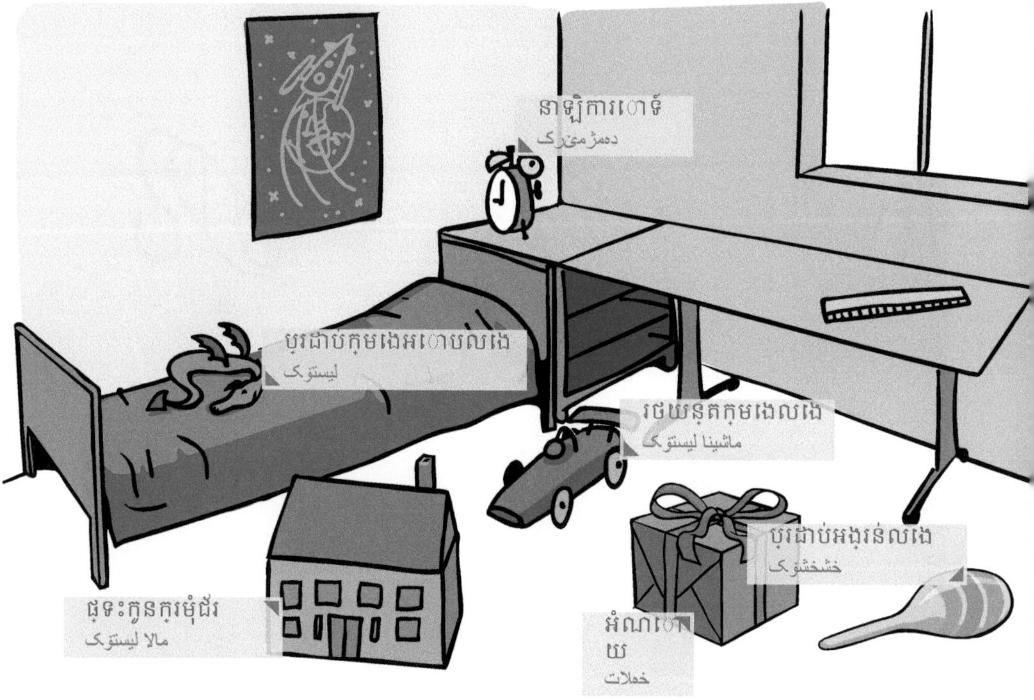

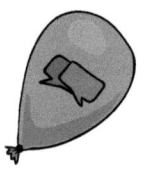

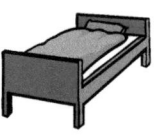

គ្រែ

نڤین

រទេះរុញទារក

کۆچک

ហ្វូបៀ

لیستکا کارتێ

រូបផ្គុំ

فریزبی

SUPER MEGA

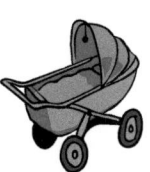

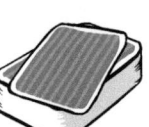

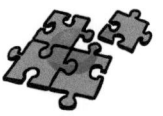

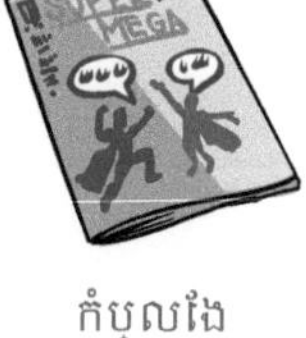

កំប្លែង

کۆمیک

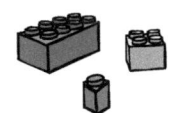

ឥដ្ឋ Lego

ناجوورا لێگۆ

បូលុកប្ដូរដោប់កុមដេលេង

ناجوورا لیستۆک

តុលខេសកមុមភាព

بووكە شووشد

ខោអាវទារក

كنجا بەبكان

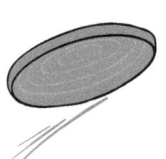

ការគេប់ចាស

فرزبى

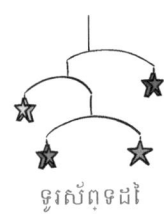

ទូរស៊ីពុទជវៃ

فمگۆ همستان

កុតារេលុបដៃ

لیبستكێن تەختە

តុវាប់ឡ្បុកឡ្វាក់

مۆر

ឈុតរថភ្លេល៊ើងគ៏ំរ

مۆدێلا تری‌نی

រូបស៊ណាក

مەمك

គណបកុស

جەژ٘ن

សេ្ជៀវកេ្ជៀរបភាព

كتێبا وێنە

ហាល់

تۆپ

កុនករម៉ុំគុកុកគា

بووكە شووشە

លេង

لەیستن

ណូដទៅខ្សាច់

كونا خيزري

ទ្រេង

جۆلانە

ប្រដាប់កុមដេលេង

ليستۆكان

កុងសួលវីដអ៊ូហ្គេម

ليستكا ڤيدۆيى

គ្រីចក្រយានយន្ត

سى‌چەرخە

តុក្កតាខ្លាយម្បុ

هرچا ليستۆک

ទូខោអាវ

جلدانک

ស្រទោមជើង

گۆرە

ស្រទោមជើងវែង

گۆرە

ខោទ្រនាប់នារី

دەرپوَى‌گۆرى

កុរម៉ា

شال

ឆត្រ

چتر

អាវយឺត

كراس

ខ្សែក្រវាត់

قايش

ស្បែកជេីងកែវែ៉ង

شمكال

ស្បែកជេីងពាក់នេ៉ ៖

سۆلكئ ناف مالى

ស្បែកជេីងហាតា

سۆلك

ស្បែកជេីងសង្វរែ

سۆلك

ស្បែកជេីង

سۆل

ស្បែកជេីងករវែងកពេលស្ស៉

پۆتينا چرمى

ខេទ្ទុរនាប់បុរស

پانتۆلۆ ژئر

អាវទុរនាប់

پئ سير بند

អាវកាក់

چمك بند

រាងកាយ

جمندمک

ខោទ្រវែង

پانتول

ខោទេខ្លីបិយ

ژمانس

សំពត់

دامان

អាវក្រវេ៉ៅ

كراس

អាវ

كراس

អាវយឺត

فانێلە

អាវយឺត

فانێلە

អាវធំ

جاکێت

អាវក្រវេ៉ៅ

ساکۆ

អាវធំ

چاکەت

អាវភ្លៀងៀង

بارانی

គុរវៀងតង

لەباس

អាវរវែង

فیستان

សំលវៀងបំពាក់អាពាហ៍ពិព
ហ៍

جلی داوەتی

ខោអាវឈុត

چاكێت

រូបភាគ្គរី

پۆژجامە

ឈុតគេង

پۆژجامە

សារី

سارى

កន្សែងជួតក្បាល

لەچک

ឆ្នួត

مەزەر

សុបម៉ែខ

هیزرام

kaftan

كافتان

abaya

عەبا

ឈុតហាលេទឹក

كنجا ناوئناوکرن

ខោខ្លី

جلكا مەلەڤانی

ខោខ្លី

شۆرت

ឈុតហាត់ក៉ីឡា

جلا هەڤڕۆژكارى

អាវអ្រៀម

پۆژشمال

ស្រោមដៃ

لەپک

ឲ្យរអារ

دووگمه

វ៉ែនតា

بەرچاڤک

ខ្សែដៃ

بازن

ខ្សែក

گەردنی

ចិញ្ចៀន

گۆستیل

កុរិល

گوهارک

មួក

دفڤک

ប្រដាប់ព្យួរអាវក្រឡោ

هلاڤستەک

មួក

کروم

ក្រវ៉ាត់ក

کراوات

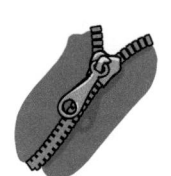

រូត

زیپ

មួកសុវត្ថិភាព

سەرپارێز

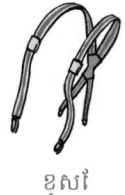

ខ្សែវ៉

دەرزی

ឯកសណ្ឋានសាលា

کنجا دبستانی

ឯកសណ្ឋាន

یوونیفۆرم

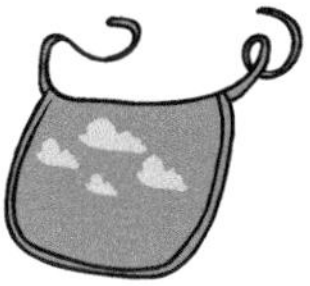

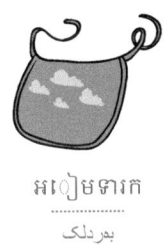

អៀមទារក

بەردلک

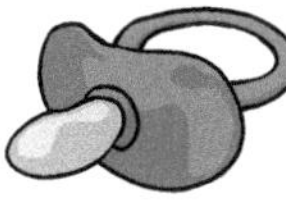

រូបសំណាក

مەمک

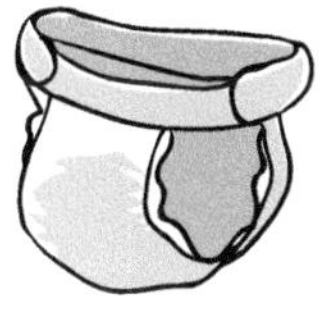

ខោទឹកនោម

پونداخ

ការិយាល័យ

ئۆفیس

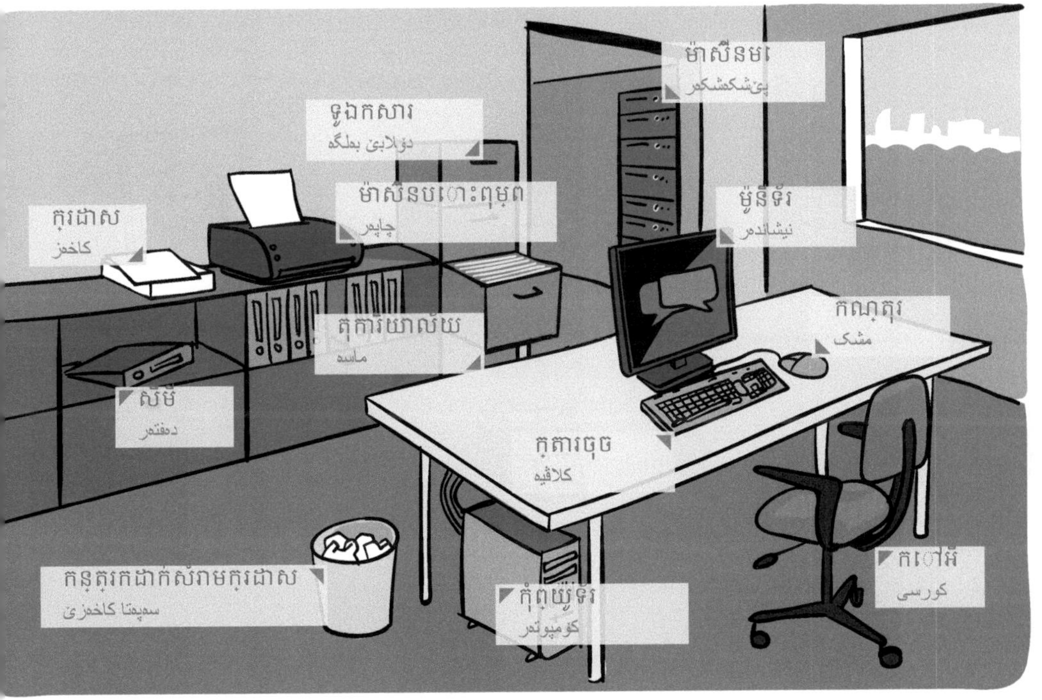

ម៉ាស៊ីនមេ
پێشکەشکەر
ទូឯកសារ
دۆلابێ بەلگە
ម៉ាស៊ីនបោះពុម្ព
چاپەر
ក្រដាស
کاخەز
ម៉ូនីទ័រ
نیشاندەر
កណ្តុរ
مشک
តុការិយាល័យ
ماسە
ស៊ីឌី
دەفتەر
ក្តារចុច
کلاڤیە
កន្ត្រកដាក់សំរាមក្រដាស
سەپەتا کاخەزێ
កុំព្យូទ័រ
کۆمپیوتەر
កៅអី
کورسی

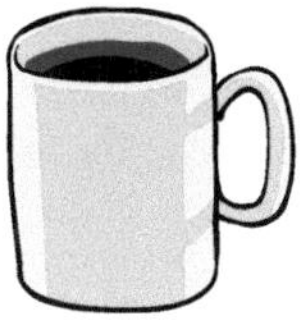

កែវកាហ្វេ

کاسکا قەهوە

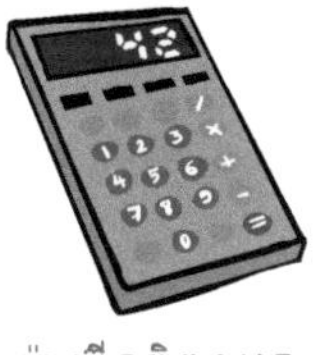

ម៉ាស៊ីនគិតលេខ

هەسابکەر

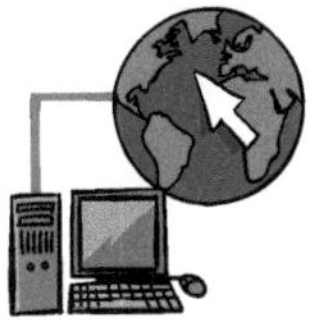

អ៊ីនធឺណិត

ئینتەرنەت

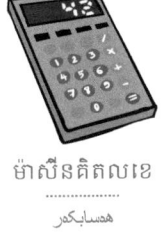

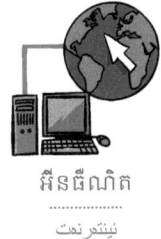

កុំព្យូទ័រយួរដៃ

كۆمپيوتەرا لاپتۆپ

លិខិត

نامە

សារ

پەيام

ទូរស័ព្ទដៃ

تەلەفۆنا مۆبيل

បណ្តាញ

تۆر

ម៉ាស៊ីនថតចម្លង

مەكينا فۆتۆكۆپيى

ស្វហ្វវែរ

سۆفتوارە

ទូរស័ព្ទ

تەلەفۆن

រន្ធជ៣ពេត

سۆجكەتا فيشەكك

ម៉ាស៊ីនទូរសារ

مەكينا فاخى

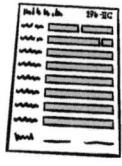

ទម្រង់បែបបទ

فۆرم

ឯកសារ

بەلگە

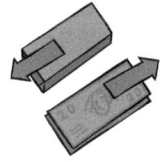

ទិញ

كرين

បង់ប្រាក់

پهره دان

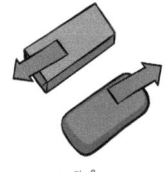

ធ្វើពាណិជ្ជកម្ម

بازرگانى

លុយ

پهره

ប្រាក់ដុល្លារ

دۆلار

ប្រាក់អឺរ៉ូ

يۆرۆ

ប្រាក់យ៉េន

يهنێ ژاپۆنى

ប្រាក់រ៉ូប៊ិល

رۆبلێ رووسى

ហ្វ្រង់ស៊ីស

فرانكێ سويسرى

ប្រាក់យ៉ន

يوانى چينى

ប្រាក់រូពី

رووپێ هندى

កុនូលង៉ែបុរេសាច់ប្រាក់

ممكينا ژخوەببرا دراڤ

ការិយាល័យបុគ្គលបុរាក់

نۆفیسا پەره فۆگۆ هارتنی

មាស

زێڕ

បុរាក់

زێڤ

ប្រេង

نهفت

ថាមពល

وزه

តម្លៃ

بها

កិច្ចសន្យា

پەیمان

ពន្ធ

تاخ

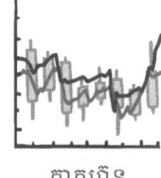

ភាគហ៊ុន

سەھام

ធ្វើការ

کارکرن

បុគ្គលិក

کارکەر

និយោជក

کاردا

រោងចក្រ

فابریکا

ហាង

دکان

មន្ត្រីប៉ូលិស
پۆلیس
អ្នកពន្លត់អគ្គិភ័យ
ئاگرکوژ
ចុងភៅ
ناشباز
វេជ្ជបណ្ឌិត
بژیشک
អ្នកបើកយន្តហោះ
فرۆکەڤان

អ្នកថែសួន

باخچەڤان

ជាងឈើ

نەجار

ជាងកាត់ដេរ

دروونڤان

ចៅក្រម

هاکم

គីមីវិទូ

شیمیازان

តួកុន

شانۆگەر

អ្នកបើកឡានក្រុង

شوفیری باسی

អ្នកបើកតាក់ស៊ី

شوفیر مکی تاکسیی

អ្នកនេសាទ

ماسیگان

សុគ្រីអ្នកសមុអាត

پاگیز کور

ជាងដំបូល

چونکری بانی

អ្នករត់តុ

بمرکار

អ្នកបរហាញ់សត្វ

نئجر گان

វិចិត្រករ

رمنگری س

អ្នកដុតនំ

نانپئژ

ជាងអគ្គីសនី

کار دبا گان

ជាងសំណង់

نافاکمر

វិស្វករ

نمندز یار

អ្នកកាប់សាច់

قساب

ជាងជួសជុលទុយោទឹក

لولمکار

អ្នករត់សំបុត្រ

پۆستهگان

ប្រូฟេសี្ខន - مۇ خه بهر

ទាហាន

نمسكمر

ស្ថាបត្យករ

میمار

បេឡា

دراڤگر

អ្នកលក់ផ្កា

فرۆشتكارا چيچمكان

អ្នកអ៊ិតសក់

پۆرچى‌كەر

អ្នកយកលុយ

ناڕۆڤان

ជាងម៉ាស៊ីន

ممكانيك

កាពីទែន

كەشتیڤان

ពេទ្យធ្មេញ

پزیشكا ددانان

អ្នកវិទ្យាសាស្ត្រ

زانستیار

គ្រូបង្រៀនច្បាប់សញ្ជាតិ
ជ្ញឺហូវ

رووهان

លោកសង្ឃយចាម

ئیمام

ព្រះសង្ឃយ

كەشە

បព្វជិត

كەشیش

ឧបករណ៍

ئامووران

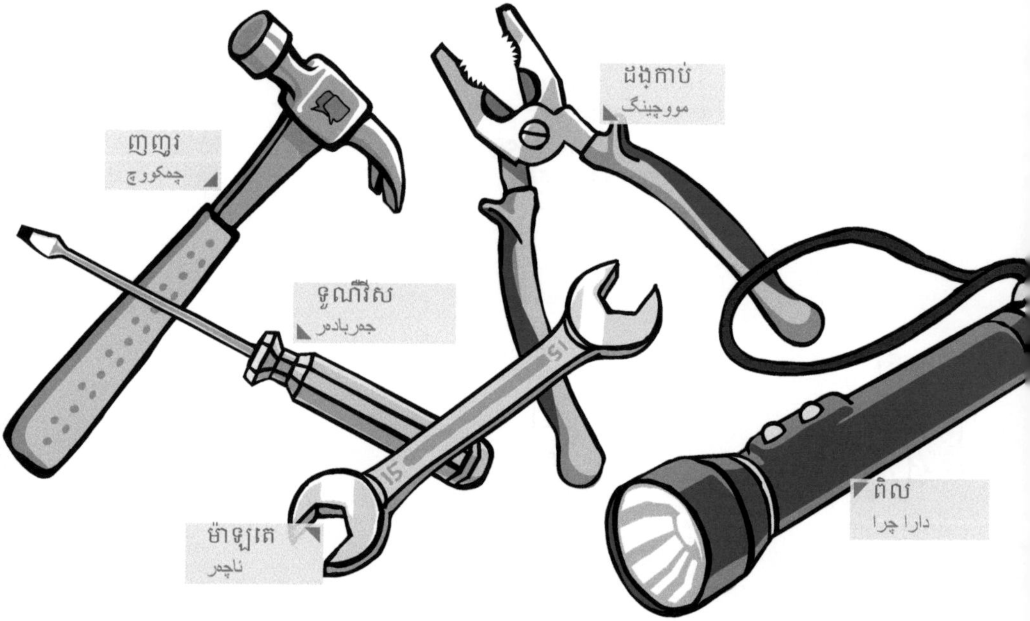
ញញួរ
چەکووچ
ដង្កាប់
مووچینگ
ទួណឺវីស
جەربادەر
ម៉ាឡេត
ئاچەر
ពិល
دارا چرا

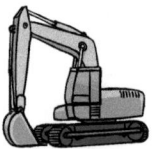

ម៉ាស៊ីនជីក

شۆفەل

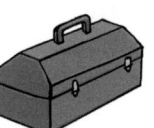

ប្រអប់ឧបករណ៍

قووتیا ئامووران

ជណ្តើរ

پەیژە

រណារ

مشار

ដែកគោល

میخ

ប្រដាប់ស្វាន

قولکرن

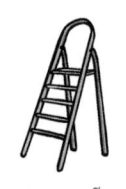

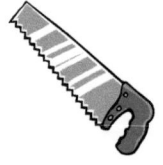

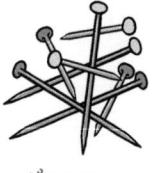

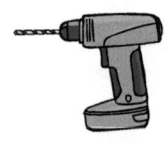

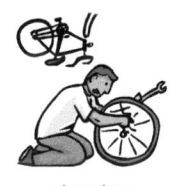

ជួសជុល

چێکرن

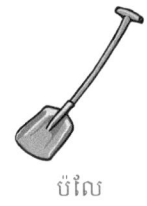

ប៉ែល

مەربێر

ចង្រៃ!

نالەت!

ប្រដាប់ចូកធូលី

بێل

ធុងថ្នាំពណ៌

قووتیا رەنگێ

វីស

جەر

ឧបករណ៍តន្ត្រី

ئامووری مووزیکێ

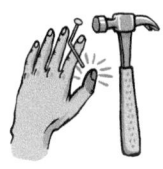

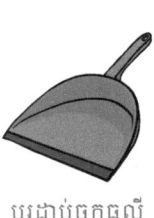

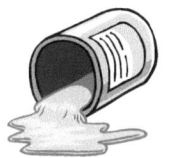

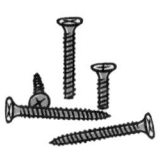

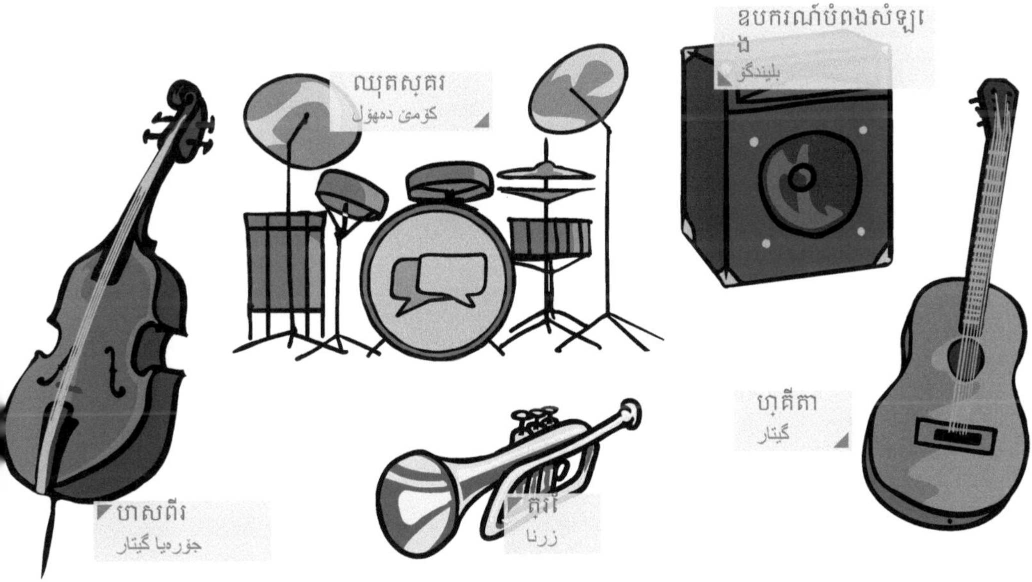
ឧបករណ៍បំពងសំឡេង
بلیندگۆ
ឈុតស្គរ
کۆمێ دەهۆل
ហ្គីតា
گیتار
ហាសពីរ
جۆرەیا گیتار
ត្រែ
زرنا

ព្យាណូ

پيانو

វីយ៉ូឡុង

فيؤلين

បាស

باس

ស្គរពោសសុបកែមយ៉ាង

دهول

ស្គរ

داهول

យ៉ឺបត

كيبورد

សាក់សូហ្វូន

ساكسؤفون

ខ្លុយ

بلوور

មីក្រូហ្វូន

ميكرؤفون

សួនសត្វ

باخچا هەیوانان

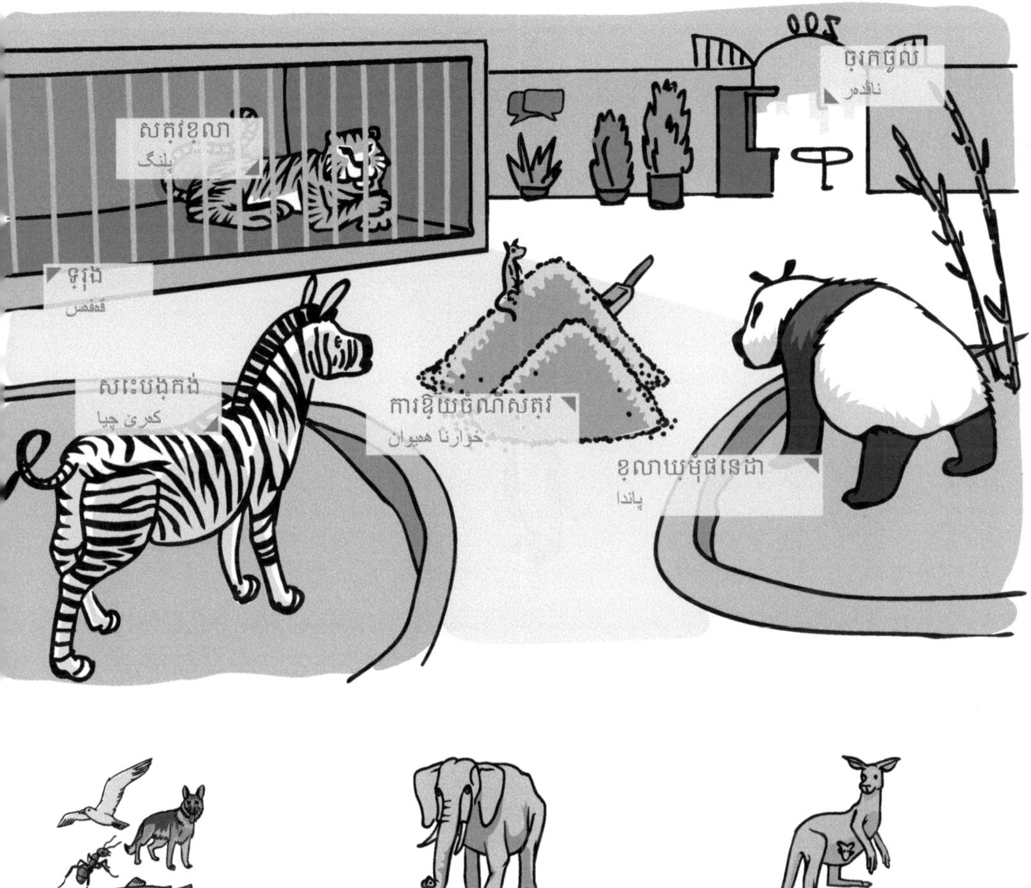
ច្រកចូល
ناڤەر
សត្វខ្លា
پلنگ
ទ្រុង
قەفەس
សេះបង្កង់
کەرێ چیا
ការឱ្យចំណីសត្វ
خوارنا هەیوان
ខ្លាឃ្មុំផេនដា
پاندا

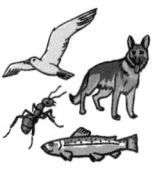

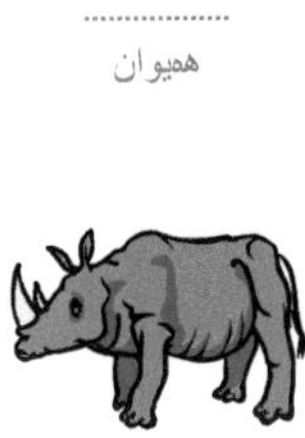

សត្វ

هەیوان

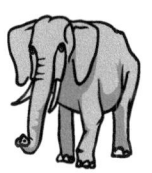

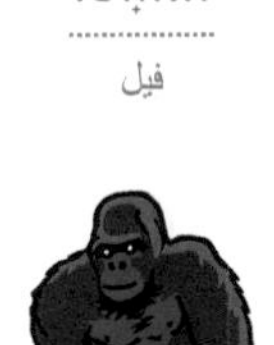

សត្វដំរី

فیل

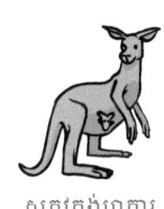

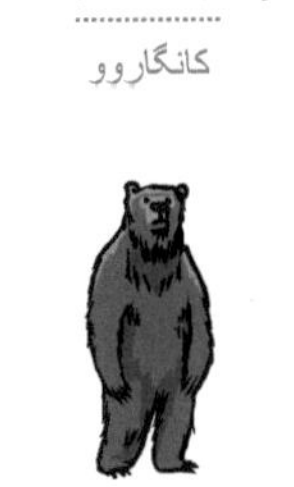

សត្វកង់ហ្គារូ

کانگاروو

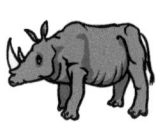

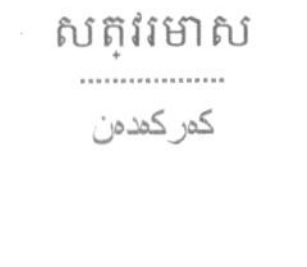

សត្វរមាស

کەرکەدەن

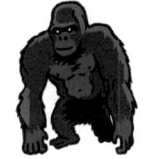

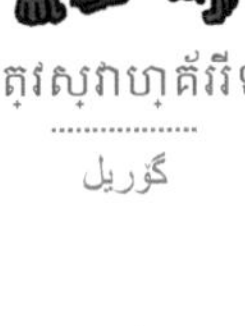

សត្វស្វាហ្គ័រីឡា

گوریل

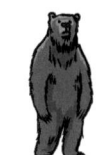

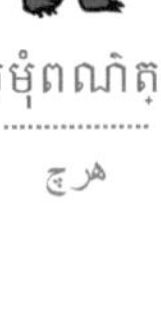

ខ្លាឃ្មុំពណ៌ត្នោត

هرچ

សត្វអូដ្ឋ

هڅ شتر

សត្វអូទ្រីស

هڅ شترمد

សត្វតោ

شیر

ស្វា

ميمون

សត្វកុររៀល

فلامينگو

សកែ

پاپاخان

ខ្លាឃ្មុំតំបន់ប៉ូល

هرچا جمسمری

ជនេយ៉ឺន

پنگوین

ត្រីឆ្លាម

سمامسی

ក្ងោក

تاووس

សត្វពស់

مار

ក្រពើ

تمساه

អ្នករក្សាសួនសត្វ

پاریزرا باخچا ناڅ الان

ទុមាទឹក

سڅيا دڅريا

ខ្លារខិនមុយ៉ាង

پلنگ

ក្ុនសេះ
....
همسپ

ខ្លារខិន
....
پلنگ

សត្វរជ័រទឹក
....
همسپى روويار

សត្វរករវៃ
....
جانهع شتر

ពនទ្ួរី
....
هملو

ជ្រូក
....
بعرازى كؤفى

ត្រី
....
ماسى

អណ្ដាតេ៏ក
....
كووسى

លៅេមមចុា
....
والراس

កញ្ជរពោង
....
رؤفى

ក្ដាន់
....
خدزال

កីឡា
وەرزش

កីឡាបាល់ទាត់អាមេរិក
فووتبۆلی ئامریکا

ការបរណាំងកង់
پسکلیێ‌تان

កីឡាបាល់បោះ
باسکێتبۆل

កីឡាចនេស
تەنیس

កីឡាលេងទឹក
ناۆژنیکرن

កីឡាប្រដាល់
بۆکسنگ

កីឡាវាយកូនហាល់លេើទឹកកក
هۆكیيا سەر جەمەدی

កីឡាហាល់ទាត់
فووتبۆل

កីឡាវាយសី
بادمنتۆن

អត្តពលកម្ម
يى ناتلەتيزمى

កីឡាហាល់កាន់
هەندبۆل

ការជិះស្គី
بەفراڤۆتن

ប៉ូឡូ
پۆلۆ

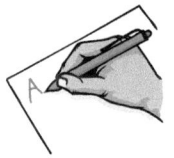

សរសេរ
نویساندن

គូរ
نیگار کئشان

បង្ហាញ
نیشان دان

ចុច
پالدان

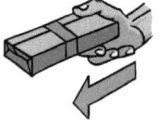

ច្រយ
دایین

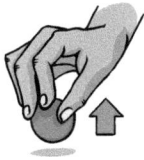

យក
راکرن

មាន

همبين

ធ្វើ‌រេ

کرن

គឺ

بوون

ឈរ

سمکنین

រត់

بازدان

ទាញ

کشاندن

បរោះ

ناقئزتن

ធ្លាក់

کمتن

កុហាក

دم‌و کرن

រង់ចាំ

سمکنین

យួរ

گوهزرزتن

អង្គុយ

روونشتن

សួលេ្យកពាក់

جل بهرکرن

ដេក

رازان

ក្ញាក់ឡ្បឺឯង

رابوون

មេើល

مطزہ کرن

យ័ំ

گرين

គូសវាស

جغلتہ

សិតសក់

شہ کرن

និយាយ

پھٻٹین

យល់

فامکرن

ស្ងួរ

پرسکرن

ស្ដាប់

بھیستن

ផឹក

ڧمخوارن

បរិភោគ

خوارن

សម្អាត

کؤم کرن

សុរលាញ់

همزکرن

ធម្មអិន

خوارن چٻکرن

បេើកបរ

نازٔوتن

ហាពោះ

فرين

ចាកទូក

كمشتيقانى

គណនា

همسباندن

អាន

خواندن

រៀន

هينبوون

ធ្វើការ

كاركرن

រៀបការ

زهوجين

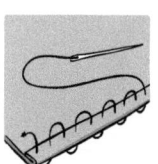

ដេរ

درووتن

ដុសធ្មេញ

ددان شووتن

សម្លាប់

كوشتن

ជក់

دووخان

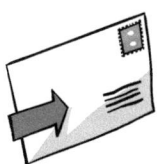

ផ្ញើ

شاندن

ជីដូន
دايپر

ជីតា
باپير

ឪពុក
باف

ម្តាយ
دى

ទារក
بوچكى

កូនស្រី
كچ

កូនប្រុស
كور

កញ្ចៀរ
مۇرفان

មីង
مىت

ពូ
ناپ/خال

បងប្អូនប្រុស
برا

បងប្អូនស្រី
خوشل

ថ្ងាស
پیشانی

ក្នុងភ្នែក
چاب

ស្មា
مل

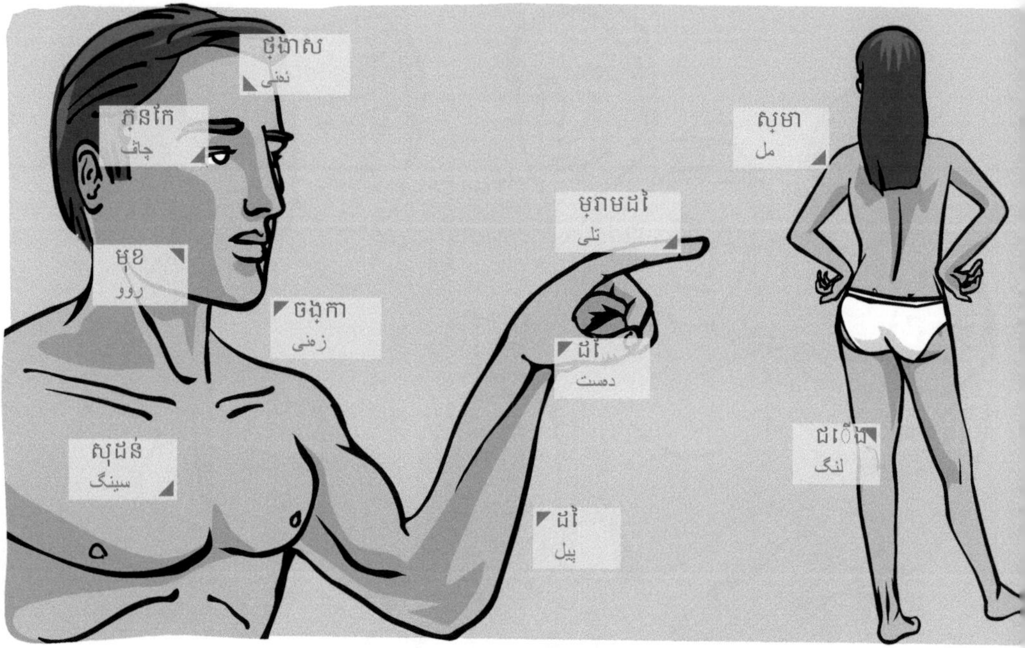

មុខ
روو

មុរមដៃ
تلی

ចង្កា
زەنی

ដៃ
دست

សុដន់
سینگ

ជង្ឃ
لنگ

ជើង
پێل

ទារក
بەبەک

បុរស
مێرد

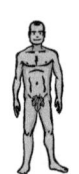

ស្ត្រី
ژن

កុមារស្រី
كچ

កុមារបុរស
كۆر

កុហាល
سەر

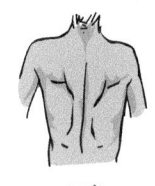

ខ្នង

پشت

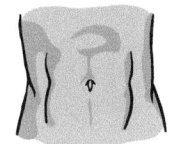

ពោះ

زک

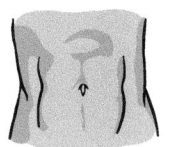

ផ្ចិត

ناف

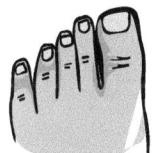

ម្រាមជើង

تلیبیا پنی

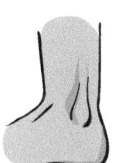

កែងជើង

پانی

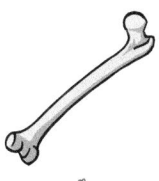

ឆ្អឹង

همستی

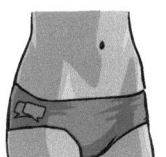

គូទគោក

کورلیمدک

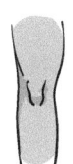

ជង្គង់

ژوونی

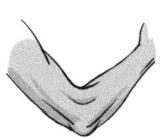

កែងដៃ

نمنیشک

ចរមុះ

دفن

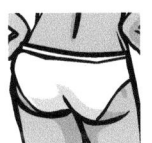

គូទ

قوون

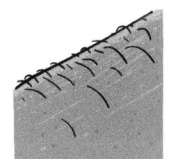

ស្បែក

چرم

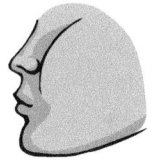

ថ្ពាល់

روو

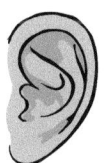

គូរចៀក

گوره

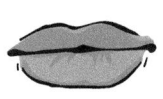

បបូរមាត់

لێڤ

មាត់

دهٔف

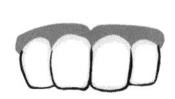

ធ្មេញ

دران

អណ្តាត

زبان

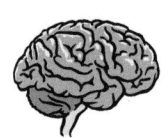

ខួរក្បាល

مغزی

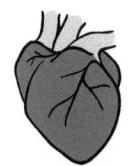

បេះដូង

دل

សាច់ដុំ

ماسوول

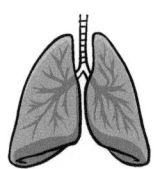

សួត

جیگدرا سپی

ថ្លើម

جگر

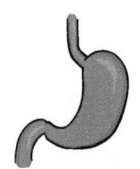

ក្រពះ

مادہ

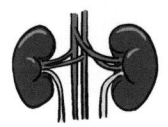

តម្រងនោម

گوورچکان

ការរួមភេទ

جۆتبوون

ស្រោមអនាម័យ

کۆندۆم

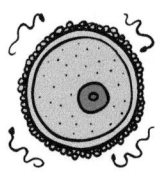

អូវុល

هێنک

ទឹកកាម

تۆف

ការមានផ្ទៃពោះ

دووجانی

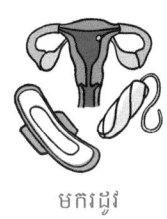

មករដ្បូរ

نادە

ទ្វាវមាស

قووز

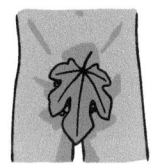

លិង្គ

كير

ចិញ្ចេឡើម

برِوِو

សក់

ڤِۇر

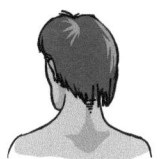

ក

هووسټوو

មន្ទីរពេទ្យ
نەخوەشخانە

រថយន្តសង្គ្រោះបន្ទាន់
ئەمبۆلانس نەخوەشان

ទេសរេញ
ئەمبۆلانسکا گورلەکان

ការហាក់ឆ្អឹង
شکسته

វេជ្ជបណ្ឌិត

بژیشک

បន្ទប់សង្គ្រោះបន្ទាន់

نۆدا لەزگینی

គិលានុបដ្ឋាយិកា

نەخوەشیار

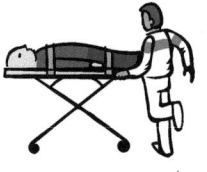

សង្គ្រោះបន្ទាន់

ناجیلییەت

សន្លប់

بێهۆش

ការឈឺចាប់

ئێش

ការរងរបួស

برين

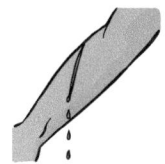

ការហូរឈាម

خوينبئران

តាំងបរះដួង

هئرشا دلی

ជម្ងឺដាច់សរសៃឈាមក្នុង
ក្បាល

جولته

អាលែកហ្សី

نالعرژی

ក្អក

كوخك

ជំងឺគ្រុន

تا

ជំងឺផ្តាសាយ

زكام

ជំងឺរាគរូស

ناقئوووین

ឈឺក្បាល

سعرى ش

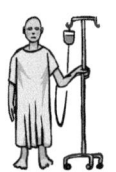

ជំងឺមហារីក

قانسرئر

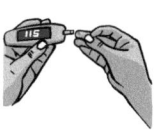

ជំងឺទឹកនោមផ្អែម

نمخوشيا شمكرئ

គ្រូពេទ្យវះកាត់

ندمملیكار

កាំបិតវះកាត់

سكالپئرل

បុគ្គលិកបុគ្គលិកការ

ندمملی

CT

جت

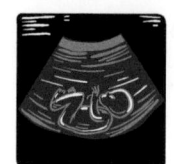

កាំរស្មីអ៊ិច

سوورەتی رۆنتگێن

អេកូ

ئوولتراساوند

រោំងមុខ

ماسکی رووی

ជំងឺ

نەخوشی

រងចាំបន្ទប់

ئۆدا سمكنینی

ឈើច្រត់

گۆچان

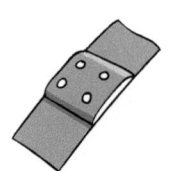

មុនាងសិលា

شریل

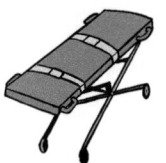

បង់រុំ

پاچی برینی چانی

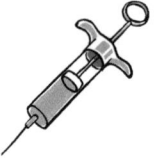

ការចាក់ថ្នាំ

دەرزی

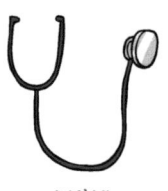

ស្តេតូស្កុប

بیستۆکا پزیشکی

សន្ទែងរូស

داربەست

ទែម៉ូម៉ែត្រពេទ្យ

تیرمۆپیڤا کلینیکی

កុំណើត

زایین

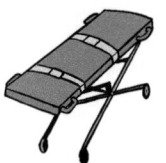

ឈើសទម្មុងន់

قەلەمو

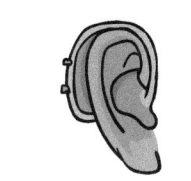

ឧបករណ៍ជំនួយការស្ដាប់

ناليڬاريا بهيسستنى

សារធាតុសមុលាប់មរោគ

باڬتريڬوژ

ការភ្ញ្លលងមរោគ

ڬؤتييوون

មរោគ

ڤيرووس

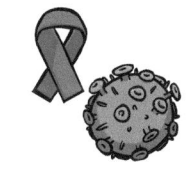

មរោគអេដស៍ / ជំងឺអេដស៍

هڤ / نادس

ថ្នាំពទ្យេ

درمان

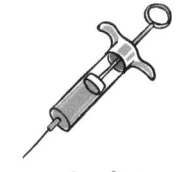

ការចាក់ថ្នាំបង្ការ

ڬوتان

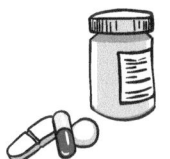

ថបេ្លិត

همبان

ថ្នាំគ្រាប់

همب

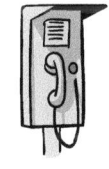

ការហៅទៅលេអាសនូន

لوزڬين

ឧបករណ៍ពិនិត្យសមុពាធឈាម

ديمندهرئ پهسترّ خوين

ឈឺ / មានសុខភាពល្អ

نمخوهش / ساخ

ជំនួយ!

هموارا!

សំឡេងរោទ៍

ئالارم

ការវាយលុក

ئوجريش

ការវាយបុរហារ

ئوجرىشكرن

គ្រោះថ្នាក់

تالووك

ចូរកចេញគ្រវាអាសនន

دەركەتنا ناجل

អគ្គីភ័យ!

ناگىر!

បំពង់ពន្លត់អគ្គិភ័យ

ناگىر قممراندنى

គ្រោះថ្នាក់

قەزا

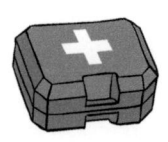

ឧបករណ៍ជំនួយបបម

نالەتوين ناليكاريا يمكەم

SOS

سوس

ប៉ូលិស

پۆليس

អឺរុប

ئورۇپا

អាមេរិកខាងជើង

نامەريكايا باكوور

អាមេរិកខាងត្បូង

نامەريكايا باشوور

អាហ្វ្រិក

ئافريكا

អាស៊ី

ئاسيا

អ៊ូស្ត្រាលី

ئاۋوستراليا

អាត្លង់ទិច

ئاتلانتيك

ប៉ាស៊ីហ្វិក

ئۆكيانووسا مەزن

មហាសមុទ្រឥណ្ឌា

ئۆكيانووسا هندى

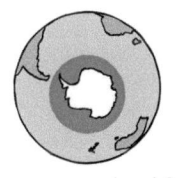

មហាសមុទ្រអង់តាក់ទិច

ئۆكيانووسا ئانتاركتيكا

មហាសមុទ្រអាកទិច

ئۆكيانووسا ناركتيك

ប៉ូលខាងជើង

جەمسەرا باكوور

ប៊ូលខាងតុប៉ូង

جمسمعرا باشوور

អង់តាក់ទិក

نانتارکتیکا

ផែនដី

نهرد

ដីគោក

ناخ

សមុទ្រ

بحهر

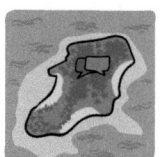

កោះ

دوورگه

ប្រទេសជាតិ

ملهعت

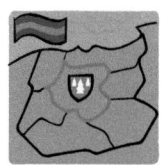

រដ្ឋ

وهلات

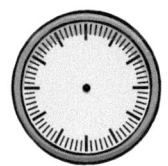

មុខនាឡិកា

رووپی ساعت

ទ្រនិចម៉ោង

نشاندرکا دمژ‌مئر

ទ្រនិចនាទី

نشاندرکا دهقه

ទ្រនិចវិនាទី

نشاندرکا سانیه

ម៉ោងប៉ុន្មាន?

سئت چندده؟

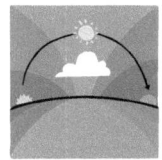

ថ្ងៃ

رۆژ

ពេលវេលា

دم

ឥឡូវនេះ

نها

នាឡិកានីជីថល

ساعتئ دجیتال

នាទី

دەقه

ម៉ោង

سئت

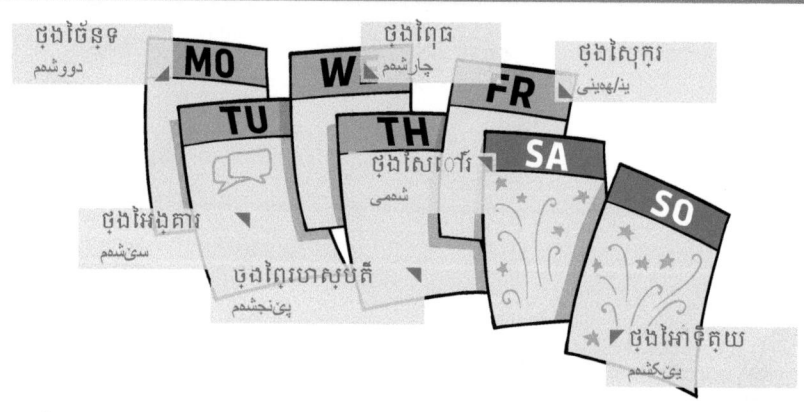

ថ្ងៃចន្ទ
دووشه‌م

ថ្ងៃពុធ
چوارشه‌م

ថ្ងៃសុក្រ
یه‌د/هه‌ینی

ថ្ងៃអង្គារ
سێ‌شه‌م

ថ្ងៃសៅរ៍
شه‌مه

ថ្ងៃព្រហស្បតិ៍
پێ‌نجشه‌م

ថ្ងៃអាទិត្យ
یه‌ك‌شه‌م

មុសិលមិញ
دوه‌

ថ្ងៃនេះ
ئیرۆ

ថ្ងៃស្អែកកែ
سبه‌ی

ពូវិក
سبه‌

ថ្ងៃត្រង់
نیوڕۆ

ល្ងាច
ئێ‌وارا

ថ្ងៃធ្វើការ
رۆژن کاری

ចុងសប្តាហ៍
داوی‌ا هه‌فته‌

ទឹកភ្លៀងរៀង
باران

ពន្លធនូ
کمسکسور

ពុំល
بخار

ខ្យល់
باد

និទាឃរដូវ
بهار

រដ្វស្បូលកាឡ ផ្ដុះ
پاییز

រដូវក្ដៅ
هاشین

រដូវរងារ
زمستان

ការព្យាករណ៍អាកាសធាតុ

پیشبینیا هوا

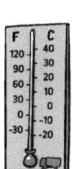

ទំម៉ម៉ែត្រ

دماسنج

ពន្លឺថ្ងៃ

تاف

ពពក

ابر

អ័ព្ទ

مه

សំណើម

رطوبت

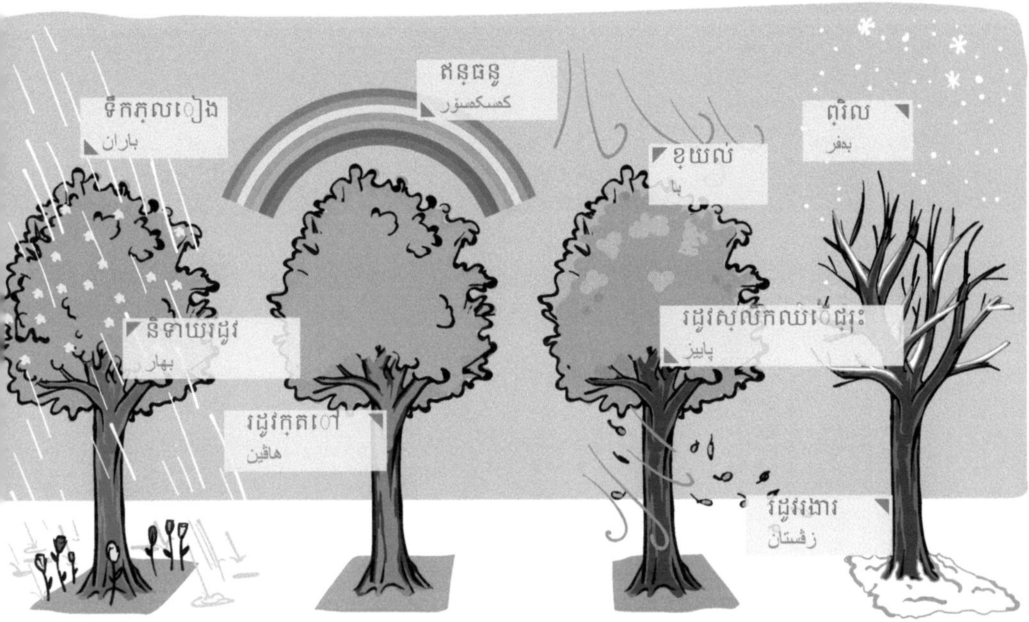

រន្ទះ

برق

ផ្គរ

برووسک

ពុះ

توفان

ព្រិល

تگرگ

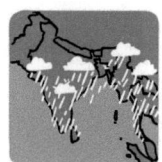

ខ្យល់មូសុង

مانسون

ទឹកជំនន់

لدهى

ទឹកកក

جمد

ខែមករា

ژانويه

ខែកុម្ភៈ

فبروری

ខែមីនា

نوروز

ខែមេសា

گلان

ខែឧសភា

جوزا مردان

ខែមិថុនា

پوشپر

ខែកក្កដា

گلاویژ

ខែសីហា

خرمانان

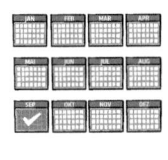

ខែកញ្ញា

سپتامبر

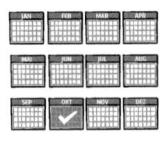

ខែតុលា

اکتوبر

ខែវិច្ឆិកា

نومبر

ខែធ្នូ

دسامبر

រាង

شکل وه

រង្វង់

چمبر

ការ៉េ

چارچک

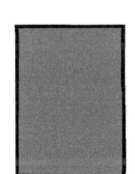

ចតុកោណកែង

چارگوزی

ត្រីកោណ

سێگۆزی

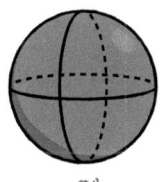

ស្វ៊ែរ

قادا

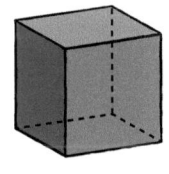

គូប

خشتنک

شکل وه - រាង   83

ពណ៌ស

سپیدی

ពណ៌លឿង

زرد

ពណ៌ទឹកក្រូច

پرتقالی

ពណ៌ផ្កាឈូក

پمبه

ពណ៌ក្រហម

سۆر

ពណ៌ស្វាយ

مۆر

ពណ៌ខៀវ

شین

ពណ៌បតែង

كسك

ពណ៌ទឹកក្រូច

قمەویی

ពណ៌ប្រផេះ

گوور

ពណ៌ខ្មៅ

رەش

ចូរវ៉ែន / គិចគួច

زۆر / كێم

ខឹង / គួរជាក់ចិត្ត

ب هێزس / بوْندهنگ

ស្រស់ស្អាត / អាក្រក់

بەدەو / نەرەند

ចាប់ផ្ដើម / បញ្ចប់

دەستپێک / داوی

ធំ / តូច

مەزن / بچووك

ភ្លឺ / ងងឹត

رۆشنی / تاری

បងប្អូនបុរស / បងប្អូនស្រី

براك / خوشك

ស្អាត / កខ្វក់

پاگێز / گڵێز

ពេញលេញ / មិនពេញលេញ

تەقی / نەتەمام

ថ្ងៃ / យប់

رۆژ / شەو

ស្លាប់ / នៅរស់

مری / زندی

ធំទូលាយ / តូចចង្អៀត

فرە / تەنگ

អាចបរិភោគបាន/
មិនអាចបរិភោគបាន

خوش / نخوش

ចិត្តអាក្រក់ / ចិត្តល្អ

نمباش / باش

ការវិករឿប / អផ្សុក

ب هیمجان / ناجز

ជាត់ / ស្តើម

قلمو / زراف

ដំបូង / ចុងក្រោយ

یمکمین / داوین

មិត្តភក្តិ / សត្រូវ

هڤال / دژمن

ពេញ / ទទេ

تژی / ڤالا

រឹង / ទន់

رق / نهرم

ធ្ងន់ / ស្រាល

گران / سڤک

ភាពអត់យឺលាន /
ការស្រេកឃ្លាន

برجی / تێنی

ឈឺ / មានសុខភាពល្អ

نمخوش / ساخ

ខុសច្បាប់ / ត្រូវច្បាប់

نمقانوونی / قانوونی

ឆ្លាតវៃ / ឆ្កូត

رموشەنبیر / بالوولە

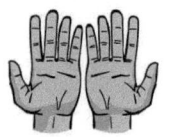

ឆ្វេង / ស្តាំ

چەپ / راست

ជិត / ឆ្ងាយ

نەزی / دوور

ថ្ម៉ី / ហានបូរេ៏

نو / بکارهاتی

គ្មានអ្វីសេាេះ / អ្វីមួយ

هیچ / تشتمک

ចាស់ / កុមង

کال / جوان

បេ៏ក / ប៉ិទ

ؤ / ژ

បេ៏ក / ប៉ិទ

ڤتکری / گرتی

ស្ងប់ស្ងាត់ / ពួខលាំង

نارام / دەنگبلند

មាន / កុរ

دۆلەمەند / رەبەن

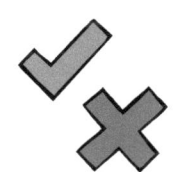

តូរូ / ខុស

راست / شاش

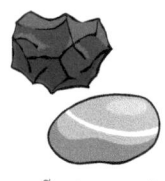

តូរេ៏ម / លេៗៗង

دیر / هلوو

ពិហាគចិត្គ / សប្ហាយចិត្គ

خەمگین / شا

ខុល៉ី / រៃង

کورت / درێژ

យ៉ិគ / ល្ៗ៉ៀន

هێدی / زوو

ស្លេ៏ម / ស្ងួគ

شل / زوا

កុគ្ៗៅ / គ្ុជាក់

گەرم / هێننک

សង្ៗគាម / សន្គិភាព

شەڕ / ئاشتی

0

ស៊ូន្យ

سفر

1

មួយ

یەک

2

ពីរ

دوو

3

បី

سێ

4

បួន

چوار

5

ប្រាំ

پێنج

6

ប្រាំមួយ

شەش

7

ប្រាំពីរ

حەوت

8

ប្រាំបី

هەشت

9

ប្រាំបួន

نۆ

10

ដប់

دە

11

ដប់មួយ

یازدە

12

ដប់ពីរ

دوازده

13

ដប់បី

سیزده

14

ដប់បួន

چهارده

15

ដប់ប្រាំ

پانزده

16

ដប់ប្រាំមួយ

شانزده

17

ដប់ប្រាំពីរ

هفده

18

ដប់ប្រាំបី

هجده

19

ដប់ប្រាំបួន

نوزده

20

ម្ភៃ

بیست

100

រយ

صد

1.000

ពាន់

هزار

1.000.000

លាន

ملیون

អង់គ្លេស

نينگليزى

អង់គ្លេសអាមេរិក

ننگليزيا نامريكى

ចិនកុកងឺ

چينى ماندارين

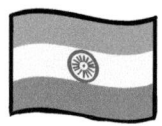

ហិណ្ឌូ

هيڼدى

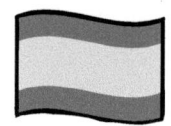

អេស្ប៉ាញ

نيسپانيولى

ហ្វាំង

فرمنسى

អារ៉ាប់

نهرمبى

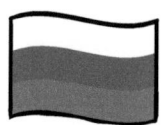

រុស្ស៊ី

رووسى

ព័រទុយហ្គាល់

پۆرتوگالى

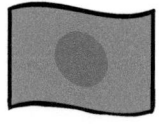

បង់ក្លាដ៍ស៊េ

بڼگالى

អាល្លឺម៉ង់

نەلمانى

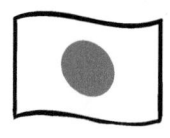

ជប៉ុន

ژاپۆنى

ខ្ញុំ

من

អ្នក

تو

គាត់ / នាង / វា

نمو / نمف / نمو

យើង

نحم

អ្នក

تو

ពួកគេហេន

نمو

នរណា?

کی؟

អ្វី?

چ؟

របៀបណា?

چاوا؟

កន្លែងណា?

کیدمری؟

ពេលណា?

کمنگی؟

ឈ្មោះ

ناف

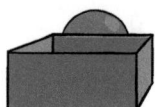

ពីក្បែរខាង

پِشتی

ក្នុង

ពីមុខ

پِشی

ពីលើ

سَر

នៅលើ

سَر

នៅក្បែរខាម

بِن

នៅក្បងវៃ

کُنِلمک

រវាង

نافِبر

កន្លងវៃ

جه